大川隆法
RYUHO OKAWA

映画「世界から希望が消えたなら。」で
描かれる「新復活の奇跡」

イエス・キリストの霊言

Spiritual messages from
Jesus Christ

まえがき

映画『世界から希望が消えたなら。』（二〇一九年十月十八日全国公開ロードショー）の製作原作ストーリーを構想するにあたって、イエス・キリストをはじめ、幾人《いくにん》かの支援霊から霊示《れいじ》を受けていたので、映画製作の舞台裏をお見せしようと本書の企画をした。

奇跡を起こす映画でもあるが、その前に、奇跡が臨《のぞ》んで、本作が成立した過程を示したかった。

きっと全世界に衝撃《しょうげき》を与えつつ、奇跡を巻きおこす映画になるだろう。音楽CDも同様の創《つく》り方をしているので、後々《のちのち》の記念と奇跡の再体験のため、CDやDVDも購入されたほうがよいと思う。

本書も、映画同様、多くの人々への勇気と希望の原理となることを願っている。

二〇一九年　八月十八日

幸福《こうふく》の科学《かがく》グループ創始者兼総裁《そうししゃけんそうさい》　大川隆法《おおかわりゅうほう》

イエス・キリストの霊言　目次

第2章 『世界から希望が消えたなら。』〈シノプシス・脚本《きゃくほん》留意点〉

二〇一七年六月十日　トルストイ霊示

第3章　救世主としての新復活

――映画「世界から希望が消えたなら。」参考霊言②――

二〇一八年七月十三日　収録
幸福の科学　特別説法堂にて

2 エドガー・ケイシーの霊言　160

序章

映画原作ストーリー『世界から希望が消えたなら。』

二〇一七年二月二日

〈ストーリー〉

主人公の僕はまだ42歳。超売れっ子作家で連載を何本もかかえていた。締切を前に軽い朝の運動のつもりで「八藤園《はっとうえん》」を散歩していたら、突然、目の前が真暗になって、崩れるように倒れていった。一瞬、池の錦鯉《にしきごい》が目に入《はい》って、わが家の稚魚《ちぎょ》を50匹、昔、差し上げたのだなという想いが脳裡《のうり》をかすめた。

その後の僕は、救急車の中で上向きでサイレンの音を聞きながら、都内の「T病院」に運び込まれた。運悪く土曜日で手術のない日だったが、心臓病の権威の桃山《ももやま》先生が、午後の講演をキャンセルして僕の主治医についてくれた。タンカで4Fに運び込まれた時、「『カテーテル手術』の準備はできているか。」という声が聞こえたが、後はICUのベッドの上に寝かされた。看護師の一人が「御祖《みおや》さん、ご親族に心臓病の方はいましたか。」と聞いているらしい。何も考えられない僕は、「イイエ。」と答えたあと、実際のところがわからなくなった。

　僕はベッドを45度起こした状態でレントゲンらしきものを撮られた。桃山先生が、画像を見せて、「まっ白でしょ。心臓から水があふれて、肺まで水びたしです。」「心臓が肥大して下半分が収縮していません。『肺水腫《はいすいしゅ》』と『心不全《しんふぜん》』です。」と告げ、「体を左に傾けると苦しいでしょう。」と実験してみせた。准教授の虎川《とらかわ》先生は、「臓器移植《ぞうきいしょく》しかない。」と大声で叫んだ。僕はどうやら今夜中には医学的に死ぬらしい。

　とめどもなく涙が流れ、家内の磯子《いそこ》は、茫然《ぼうぜん》と立ち尽くしていた。

高1の息子・英一《えいいち》、中2の娘・玉美《たまみ》、小6の次男・鶴男《つるお》の三人もかけつけてきた。その後、編集者が３人お別れのあいさつに来て、僕は自分の死が近いことを悟った。

ああ天井からはイエス・キリストが天使を二人連れて、僕の前に降り立ってきた。「生涯反省《しょうがいはんせい》をしなさい。」「そして、怨《うら》みや憎しみのある人たちに対して、また人生に関わった人全員に対し、感謝の念《おも》いを捧《ささ》げなさい。」と告げた。

明日の光がおがめるかどうかはわからないが、僕は病院の便《びん》せんの上に、手書きで反省や感謝を書きつづった。

次々と後悔は終わらなかった。夜中に、「あなたを決して死なせません。」と言ってくれた美しいナースに励まされて、僕は夜の沈黙《しじま》の中、まだ生きていた。

しかし希望は失われた。僕は家族を残したまま死んだ。その間も目に見えぬ体で僕は自分の人生を考え続けた。やがて葬式の日が来て、僧侶《そうりょ》が読経《どきょう》する中、僕は突然棺《かん》おけの中で息を吹き返した。

その後、僕は、霊が見え、霊の声が聞こえる作家として、リハビリを経て復活するが、理解できない家族との間にみぞができ、友人・知人とも別れがやってくる。

古いファンは離れたが、新しいファンもできた。献身的だった妻とも別れるが、やがて新しい協力者も出てくる。僕はトルストイに負けない、「新復活」という小説にとりかかる。さまざまな霊現象をまき散らしながら、それでも僕は生きていく。

「霊言現象《れいげんげんしょう》」とは、あの世の霊存在の言葉を語り下ろす現象のことをいう。これは高度な悟《さと》りを開いた者に特有のものであり、「霊媒現象《れいばいげんしょう》」（トランス状態になって意識を失い、霊が一方的にしゃべる現象）とは異なる。外国人霊の霊言の場合には、霊言現象を行う者の言語中枢《ちゅうすう》から、必要な言葉を選び出し、日本語で語ることも可能である。

なお、「霊言」は、あくまでも霊人《れいじん》の意見であり、幸福の科学グループとしての見解と矛盾《むじゅん》する内容を含《ふく》む場合がある点、付記しておきたい。

第1章 イエス・キリストの霊言《れいげん》

――映画「世界から希望が消えたなら。」参考霊言①――

二〇一七年三月一日　霊示《れいじ》

幸福の科学　特別説法堂《せっぽうどう》にて

イエス・キリスト（紀元前四〜紀元二九）

キリスト教の開祖。パレスチナのナザレの大工ヨセフと妻マリアの子として生まれ、三十歳《さい》ごろにバプテスマのヨハネから洗礼《せんれい》を受ける。神の国の来臨を告げて、愛の思想を説き、数多くの奇跡《きせき》を起こしたが、ユダヤ教の旧勢力から迫害《はくがい》を受け、エルサレムで十字架《じゅうじか》に架けられ処刑《しょけい》された。死後三日後の復活を目撃《もくげき》した弟子《でし》たちは、イエスをメシアと確信して伝道を開始し、キリスト教が成立する。九次元大霊《たいれい》の一人。

［質問順に二名は、それぞれA・Bと表記］

※本霊言《れいげん》が説かれた背景

本霊言は、大川隆法総裁による映画「世界から希望が消えたなら。」の原作ストーリーをシナリオ化するに当たって、最初に収録した参考霊言である。

1 イエス・キリストから シナリオへのアドバイス

大川隆法　映画「世界から希望が消えたなら。」（製作総指揮・大川隆法／二〇一九年十月十八日公開）について、シナリオを書く際のアドバイスを、イエス・キリストから伺《うかが》おうと考えております。

イエス様、「世界から希望が消えたなら。」のシナリオ制作に当たってのアドバイスを下されば幸いでございます。

イエス様の力、流れ入《い》る。

イエス様の力、流れ入る。

イエス様の力、流れ入る。

イエス・キリスト　イエスです。

質問者A　本日は、ご降臨《こうりん》を賜《たまわ》り、まことにありがとうございます。

イエス・キリスト　いいえ。

質問者A　私のほうから、代表して質問をさせていただこうと思っております。よろしくお願いいたします。

イエス・キリスト　はい。

2　映画のテーマは「死」「復活」、そして「再生」

「四十代で大病をして、何が変わったのか」を描《えが》く

質問者A　まず、この「世界から希望が消えたなら。」という映画は、フィクションでありながら、大川隆法総裁先生の半生も少し描《えが》いているのかなと思います。

イエス・キリスト　そうですね。

質問者A　主人公の御祖真《みおやまこと》さんという方がありつつも、総裁先生（の実像）

をどのくらいまでストーリーに反映させていくべきでしょうか。アドバイスがあれば、お教えいただきたいと思います。

イエス・キリスト　「若き日のエル・カンターレ」のあと、「中年期のエル・カンターレ」が体験したことと、それで何が変わったのかということ、家族を取り巻く状況《じょうきょう》も変わったし、未来も変わって、選択《せんたく》が働いて、教団の未来が変わっていくところがあった。

あの病気のときには、私も霊界《れいかい》から立ち会っています。

質問者Ａ　はい。

イエス・キリスト　おそらく、この病気がなければ、家族関係も変わらなかっただろうと思うしね。実は、前妻との離婚《りこん》の問題もここに関係しているし、

●**あの病気**……　2004年５月、47歳のときに心筋梗塞《しんきんこうそく》を起こし、心臓が拡張して収縮しない状態になった。

その後の幸福の科学のあり方も変わったというか。「長い寿命《じゅみょう》がまだまだあるものだ」と思っていたのが、四十代で大病することによって、「人間というのは、いつ死ぬかも分からないものだ」ということを悟《さと》ったときに、「やっぱり猶予《ゆうよ》はできない」ということですよね。「働けるときに、やるべきことを全部やらなければいけない」と。

というようなことで、実際は、病気が終わったあと、仕事は加速していきましたよね。それは、ある程度の犠牲《ぎせい》を伴《ともな》ったものではあるけれども、これで、「生」と「死」「復活」というのを経験したことによって、その「死生観」の影響《えいきょう》が、やっぱり教団に大きく表れていると思うんですね。

「現代の最先端医療《さいせんたんいりょう》」対「宗教の奇跡《きせき》」

イエス・キリスト　それと、これを契機《けいき》に、実は教団のなかで、「病気治し」

というのがかなりできるようになってきたわけですね。病気を克服《こくふく》した経験によって、それができるようになった。

それまで、総裁は「病気をしたこともない」という状態だったから、病人に対してわりと淡泊《たんぱく》で、「宗教のわりには病気治しをしない」ということに対して、ずいぶん、「豊かな時代の宗教なんだね」というようなことを言われたし、「病気は病院で治してください」みたいなことを言っていましたよね。

そして、入院されたときに、都内でも有名な病院ではあったので、（当時の）妻であり協力者であった方は、「現代最先端《さいせんたん》の医療《いりょう》技術と宗教の戦いだね」みたいなことを言っておられたように、私は聞いております。最先端の医療が「もう亡《な》くなります」と、「もう治る方法はございません」と言っていたんですよね。

質問者A　はい。

イエス・キリスト　あるいは、「もう臓器移植しかありませんので」と。でも、「うちは臓器移植はしない」ということであったので、「じゃあ、もうご臨終《りんじゅう》です」ということでね。

次は、生き延びたあとは、「生き延びても一年以内に、ほぼ八十パーセント、九十パーセント死にます」と言って、そのあとは、「五年以内には死にます」とかいうようなことだったと思いますけれども。

だけど、全部ことごとく外れていって、医者の言う予言的な診断《しんだん》というのは外れていった。

「これに霊的なパワーが働いている」ということは、医者のほうは分かりもしないし、「実際、そうした奇跡《きせき》が起きる」ということも分からないので、「確率論だけで言っている」ということだったね。

そういうことで、実は「宗教の奇跡」対「病院」でぶつかったんだけれども、ちょうど、この狭間《はざま》にあった当時の妻の方は、「医者の娘《むすめ》であって、同時に宗教家の妻である」という立場で、〝引き裂《さ》かれる〟ことになるわけですね。

復活、そして救世主としての第三の人生へ

イエス・キリスト　だから、そのあと、（当時の妻は）退院したあとのリハビリ期には存在できたが、（大川総裁が）再始動して、復活を遂《と》げて、「救世主の仕事」をしようとしたときに理解ができなくなって、結局、離《はな》れていくかたちになりましたよね。これはもう、みんなの総意で。

やっぱり、総裁が復活して、もう一回働こうとしているんだったら、応援《おうえん》しなければいけないんだけれども、医者の娘としては、「医者が『もう死ん

でいる』と言っていたような人が、もう一回働くなんていうことはバカげている。気違《きちが》いじみたことだ」というようなことだったし、「国内巡錫《じゅんしゃく》も海外巡錫も、もちろん反対」というようなことではありましたよね。

ところが、復活したあと、教団はいろんな仕事を始めていった。学園をつくったり、大学（ハッピー・サイエンス・ユニバーシティ）をつくったり、政党をつくったり、海外伝道を始めたりという、倒《たお》れる前にはできなかったことをやり始めたんですよね。

「第三の人生」に完全に変わってしまいましたね。

質問者A　はい。

イエス・キリスト　商社マン時代から、幸福の科学の立ち上げ。そして、（復活以降の）この後半が、これまた「新しい人生」になりましたね。

だから、人の「死」と「復活」、そして「再生」ということ、これが非常に大事なテーマです。

実は、キリスト教においてもこれは大事なことで、十字架《じゅうじか》だけで終わっていれば、キリスト教はできていない。「イエスが死んだ」というだけではできていないのですが、「復活した」ということで、世界宗教になっていったんですよね。

「それはどういうことなのか」ということを、この映画のテーマにして、フィクションも多少入れますが、まあ、考えさせようということですね。

「幸福の科学の中盤期《ちゅうばんき》に起きたこと」を象徴《しょうちょう》的に示す

イエス・キリスト　これには、ちょっと脚色《きゃくしょく》があります。

実際上、総裁は病院で死ななかったわけで、医者が「今晩中に死ぬ」というようなことを言っていた状況から生き延びて、一週間余りで退院して、あと、回復していった過程であったけれども、(映画の原作ストーリーでは)もうちょっと分かりやすくするために、医学的に判断されたあと、いったん死んだことにしています。「霊柩車《れいきゅうしゃ》で運ばれて、そのあと葬式《そうしき》をやられて、お坊《ぼう》さんがお経《きょう》を読経《どきょう》しているなかで息を吹《ふ》き返す」という、目に見える分かりやすいかたちでの復活です。多少コメディも入れて、「復活」ということをやる。

で、新しい使命に目覚めて、作家として『新復活』という作品を書こうとして燃えるわけだけれど、それまでの彼についてきた人たちのなかには、一部、それについていけない人も出てきたりする。しかし、また新しい協力者も出てくるという。

実は、「この幸福の科学教団の中盤期《ちゅうばんき》に起きたことは、何であったのか」ということを、象徴《しょうちょう》的に示す映画ですよね。

「これを、（実際の）関係者に大きなダメージを与《あた》えないようにしつつ、フィクションのように見せながら、真実のこと、ノンフィクションの部分を、いかに宗教的にうまく伝えるか」ということ。それから、「肉体的な死が、本当の人間の死ではないのだ」ということと、「復活の奇跡というのは、やっぱりありえるのだ」ということかな。

「救世主復活の使命」はイエスにも起きたし、昔のオシリス神話のなかでも起きていることですね。時折あることであるので、そういったところをうまく描くことができれば、ある意味で、「非常に世界性を持つテーマ」になるのではないかなというふうに思っています。

質問者Ａ　はい、ありがとうございます。

3　「売れっ子作家」から「神秘作家」への変身

「作家」と「宗教家」には近いところがある

質問者A　映画の設定では、主人公は「売れっ子作家」ということになっていまして、「売れっ子作家が死にかけて、復活する」というお話なんですけれども、やはり、何かしらの理由や使命がないと、普通《ふつう》の人が復活するというのはありえないと思います。

この映画を象徴《しょうちょう》的に見せるとして、「主人公には、どのような使命が天上《てんじょう》界《かい》から与《あた》えられた」というふうにすれば、よろしいでしょうか。

イエス・キリスト　（主人公を）宗教家にしてもいいんですけれども、あまりにストレートすぎますので。

（大川総裁は）実際に本はたくさん出していますから、世間《せけん》の人たちは、例えば、九〇年代ぐらいまでの大川隆法であれば、「作家的側面が強い」というふうに見ていた人が多かったと思うんですよね。

「本が多作で、愛読者たちが集まっている、そういうファンクラブみたいなもので、参加型の宗教で、アイドルとか、何かそういう有名人を囲むような感じで、みんなが話を聴《き》きに来ている」というように見られていた宗教であったんですよ。少なくとも、九〇年代の初めはね。

本で有名になっていて、収入があっても、「それは本が売れているからでしょうね」みたいな感じであったのが、次第《しだい》しだいに、信仰《しんこう》に基《もと》づく宗教団体に変わっていったんですよね、現実はね。

まあ、有名作家でも、今も、村上春樹《むらかみはるき》みたいな人が新刊を出すとなったら、ちょっと宗教みたいに、春樹ファンが（書店に）朝から並ぶとか、前の晩から並ぶみたいな感じでワーッと買いに行くようなところがありますよね。だから、文学には、そういう面が一部あるわけです。トルストイなんかも、やっぱり、みんな作家と理解していたけど、それというよりは、ある意味での「ロシアの救世主」、あるいは「人類の救世主」みたいな意味合いを持って感じていた人も、いっぱいいたわけですよね。だから、（宗教家と作家は）わりに近いところにはある。

「いったん死んで、復活する」ことの意味

イエス・キリスト　ただ、（映画の原作ストーリーでは、主人公は）いったん「死にかけた」のではなく、「死んだ」ということになっています。

質問者A　はい。

イエス・キリスト　「いったん死んで、復活する意味はどこにあるか」ということですが、「その前後に違《ちが》いがなければいけない」ということになりますよね。

「(死ぬ前にも) 本を書いていたけど、本の種類はどちらかというと、『やや商業ジャーナリズム的な面を持っていた』というか、『売れっ子で、ビジネスにもなる』という感じの、そういうベストセラー作家だった」という設定。みんなのニーズを満たしてはいたんだけど、「もう一段、奥《おく》なる使命」にまでは気づいていなかった。

そのときに、死の経験をして、そして、復活を通して、「ああ、人間は霊的《れいてき》な存在なんだ。霊子線《れいしせん》（シルバー・コード）が切れるまでは、本当の死ではないんだ。肉体的には死んで機能は停止していても、奇跡《きせき》が起きれば、また、もう一回、再生の力が与えられるんだ」と。

いったん、そういう「奇跡」を経験した人は、もはや真理を否定することはできないし、「もう一度、頂いた命」だったら、自分の命はもう惜《お》しくないので、「不惜身命《ふしゃくしんみょう》の思いで、人類に貢献《こうけん》できるようなものを何かつくっていきたい」という気持ちになってくるものですよね。

人生行路を変える「トワイス・ボーン」の体験

イエス・キリスト　だから、そのベストセラ

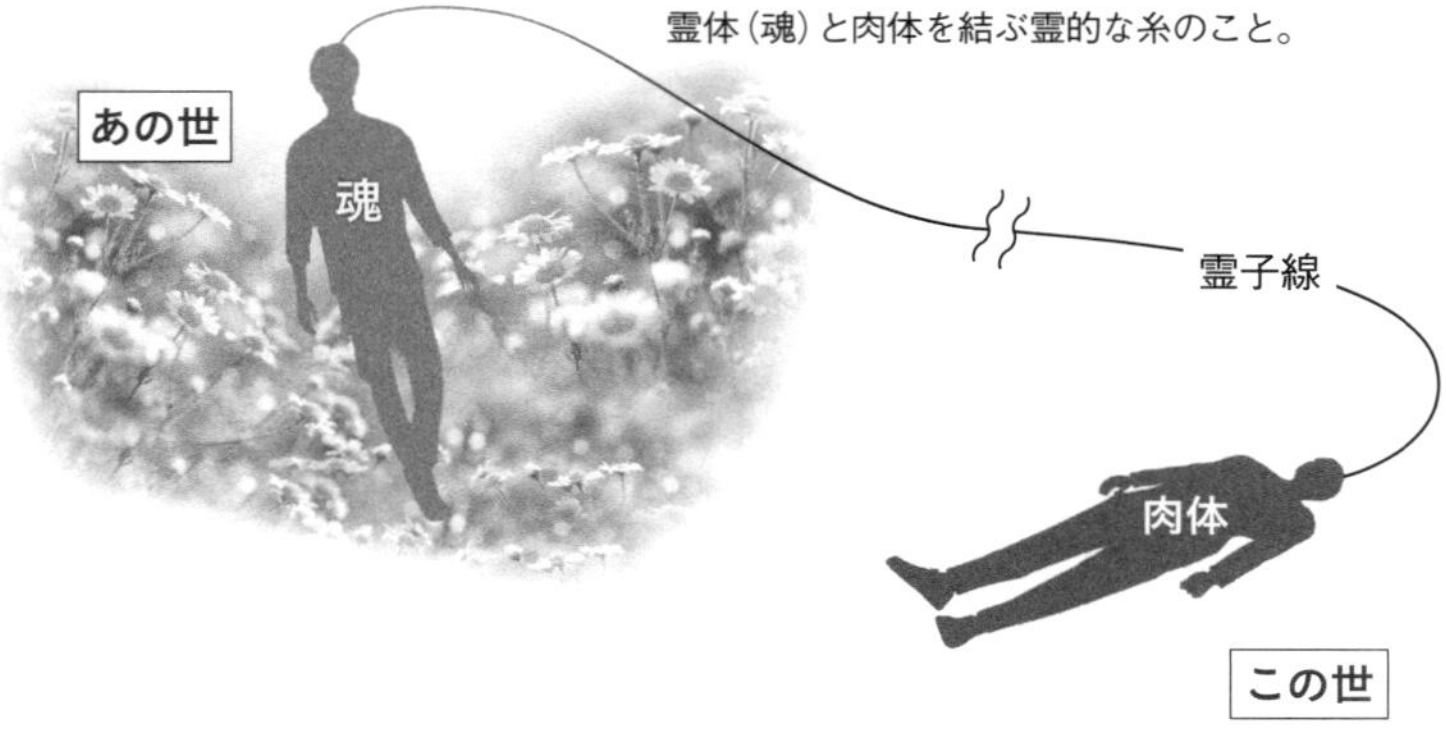

霊子線（シルバー・コード）とは、
霊体（魂）と肉体を結ぶ霊的な糸のこと。

ー作家は、あるいはセイント（聖人）的な意味を含《ふく》んだ、「人類の本当の心の糧《かて》というか、真理を含んだものを書かなければ、自分の命や、再び生かされたことの証明にならない」というところに目覚めるんだけれども、それは、ある意味で、人間としてのいわゆる「トワイス・ボーン（twice born）」「二度目の生まれ変わり」に実は相当するわけです。

「病気以前の彼」と「病気後、復活してからの彼」は、同じ人であって同じ人ではないわけなんですよね。

その意味で、人間関係も変わっていくところがある。「昔のファンが一部離《はな》れて、新しいファンができてくる」みたいな、人間関係の入れ替《か》わりも起きてくるわけですね。当然のことですけど、こういうことが起きる。

最近であれば、タレントをやっていたような方が（事務所を）辞《や》めて、幸福の科学に来ることによって、「昔のファンは一部減るが、新しいファンもまたできる」みたいなことがあったと思いますけれども、まあ、そういうことですね。

人間は人生の過程で、何か「病気」とか、「会社の倒産《とうさん》」とか、あるいは「投獄《とうごく》」とかね、「肉親の死」とか、いろんなものを通して、改心《かいしん》したり、自分の人生行路を変えたりすることがある。もちろん転職するような場合もありますけどね。

まあ、そういうことかな。それは、トルストイも実際、経験していることです。単なる作家だったのから、世界的名声のなかで、新しい村をつくって、人々にユートピアの世界を、この世でつくろうとしたことがあったと思いますけれども。

「死」にまつわる遺産相続等の問題も描《えが》けたら

イエス・キリスト　そういうニュアンスを多少含めつつも、観《み》ていて面白《おもしろ》い部分も多少入れる。まあ、「死んだ人が息を吹《ふ》き返す」なんていうのも、ちょっとコメディ的にも見えるかもしれない。

あるいは、死んでからの病院での描写《びょうしゃ》や、霊柩車《れいきゅうしゃ》について自分の死体を見ながら飛んでいっている描写とか。「死んだあと、家族がどういうふうになるのか」を見ている葬式《そうしき》のところとか、親戚《しんせき》とか。

こういうのは、死んだ人が実際に見るシーンですけれども、「『あの世はない』と思っているような人が、死んだら（生きている人の）本心が全部読めるというか、心の声がみんな聴こえるような状況《じょうきょう》になり、それを聴いていたらどうなるか」ということ。

「（家族や関係者が）この世的ないろんな言い争いをしたり、欲得が出てきたり、何だかんだしているようなところも見て、死んだ人が受けるであろうショック」みたいなものを、上手に描《えが》けるといいなと思うんですね。

財産の問題とか、職業の問題とか、いろんな、今後どうするかみたいな問題。あるいは、妻も動転して、「そのあと、財産をどうするか」とか、「どうやって生きていくか」とか、そんなことを考えるだろうし、「子供たちを、それぞれどういうふうにするか」とか、いろいろ考えなければいけないでしょう?

例えば、「私立に行っていたのを、公立に変えなければいけないかもしれない」とかですね。いろいろなことを考えなければいけない。

あるいは、版権《はんけん》、印税《いんぜい》の問題等ですね。その問題で、出版社といろいろ揉《も》めたりですね。そういうこともあったりする。

そういう、この世的な問題、「死」に基づく、遺産相続や後片付けの問題みたいなものは、現実にみんなが経験することなので、そういうものもちょっと入れたほうが、啓蒙《けいもう》小説的な面は多少あるのかなと思います。(世間には)そういうものを描《か》いた映画もあるとは思いますけどね。

まあ、「そういうのを、死んだ人が霊体《れいたい》として見ていて、息を吹き返し、その過程を全部知っている」という状況ですよね。「これで生き返って、喜ばれるかと思ったら、逆に、みんなびっくりしてしまって」というようなところもありますよね。お坊《ぼう》さんまでびっくりしてしまうという状況ですかね。医者も、もちろんびっくりしてしまうことになりますけどね。

「神秘作家」への変身、その心の変化

イエス・キリスト　まあ、このへんのところ、実際にあった経験も踏《ふ》まえながら、世界観が変わっていくところを見事に描《えが》いて、そして、「再び頂いた命だったら、もっと公共のために使わなければいけない」という気持ちになってくるところ、その変身していくところ、心が変化していくところを上手に描き切れたらいいですよね。

（主人公が）書く作品も、『新復活』というのを挙《あ》げてありますけれども、「奇跡」とか、「病気が治る」ようなもの等も書いていくようなことがあってもいいし、多少、宗教的なニュアンスが強くなってくるというかな。

まあ、そういうふうな、「神秘体験作家」みたいになってくるところとか、「やっぱり、あの世があるんだ」ということを一生懸命《いっしょうけんめい》書き始めるような作家になって、今までのエンターテインメント系中心だったのから、「神秘作家」みたいになってくる部分とか。

（そうすると）編集者とか出版社も、ちょっと変わってきますよね。それまでの人が駄目《だめ》になってきたり、新しい人に移っていくようなことがある。そのなかで、人生観を変えながら、もう一回立ち上がろうとする男の物語ですね。

質問者A　はい。

「人生、いつ死ぬか分からない」という仏教的人生観

イエス・キリスト　現実に、実社会でも、四十代ぐらいで病気をするサラリーマンは後を絶たず、けっこう重篤《じゅうとく》になったり、それでリタイアする場合もあるけれどもね。「第二の人生」を生きなければいけない人もいっぱいいますから、そういうマーケットが現実にはあります。

だから、そういう人たちにも勉強になるし、そういう五十代、六十代の人たちにとっても、これは観ておいたほうがいい映画でしょう。

あるいは、若い人にとっては、将来、来るかもしれない中年期の問題で、家族を含めた、職業を絡《から》めた問題として出てくる。

会社だったら、やり手の部長でも、倒《たお》れたりした場合、何カ月か入院なんかしたら、元のポストがなくなってしまったりすることはよくありますよね。

いずれ会社を退社して、また何か、ほかのところで細々《ほそぼそ》とやらなければいけないこともありますから、そういう複数の似たようなケースは、みんな持っていると思うんですよね。

それでまったく消滅《しょうめつ》してしまうのではなくて、やっぱり、「命の永遠性」と「残された時間をどう生きるか」ということ。

人生三万日しかないかもしれないし、実際、それは二万日の人も、一万日の人もいるわけで、いつ死ぬか分からない。本当に仏教的なもので、「死」というのはすぐそこに迫《せま》っているかもしれない。

そういうことを実際に体験したなら、本当に「一日一生《いちにちいっしょう》」の気持ちを忘れることはできないというかね。

このへん、周りの人との理解に差が出てくる部分を描《えが》かなければいけない。流行作家として、何本も連載《れんさい》を持っていたような人が、「ただ忙《いそが》しかったり、売れたり、お金になるだけではいけないんだ」というようなことを知って、「本当に人の心の糧《かて》になるようなことを書かないと、自分の使命は果たせないし、もう一回死ぬことも許されないんだ」という気持ちですかね。
死ぬ気でやって、実は死なないで、力が伸《の》びていくような、そういう奇跡的なことが、これに合わさって付随《ふずい》した方がいいと、私は思っているんですけどね。

質問者A　そうですね。

イエス・キリスト　まあ、そのへんを、宗教的な部分も含めてうまく描けたらいいかな。

気持ちのすれ違《ちが》いを上手に描《えが》けたら、そうとう深みが出る

イエス・キリスト　「幸福の科学そのもの」にしてしまってはいけないかなと思います。フィクションのほうが……。

布《ふ》教色《きょうしょく》だけが強すぎると、一般《いっぱん》の方が少し分かりにくいだろうから、作家というジャンルのなかで、「流行作家だったような人が、トルストイ的な作家になっていく」というようなかたちで、聖なるものを目指していく感じを出すことがいいのではないかなと思うんですけどね。「霊が視《み》え、霊の声が聴こえる作家として、リハビリを経《へ》て復活する」という。

まあ、「家族とも問題や溝《みぞ》ができたり、友人・知人とも別れが来る」というのはありますけどね。（原作ストーリーに）「献身的だった妻とも別れるが」と書いてあるように、ここは実体験の部分が少し入りますよね。

しかし、「いったん死を覚悟《かくご》した人間が、もう一度命をもらった場合に何をするか」ということを考えたときに、それぞれの人によって違《ちが》うでしょうけれども、やっぱり、「何か、世の中のために自分の命を使い尽《つ》くしたい」という気持ちは分かるんですよね。

それは、「『家族が平和であればいい』とか、『妻と晩年まで仲良く年を取って死ねればいい』というようなことでは済まなくなった」という気持ち。

本人は特に、実際に「死ぬ体験」までしているので、その気持ちと、生きている人間との気持ちのすれ違いのところ。これを上手に描《えが》くことができたら、たぶん、映画としての深みは、たぶん、そうとうなものが出るのではないでしょうかね。

質問者Ａ　そうですね。ありがとうございます。

4 霊界《れいかい》体験、そして「復活」へ

死神や天使と出会い、天国・地獄《じごく》を垣間《かいま》見てもいい

質問者A　（映画の原作ストーリーでは）「死んでから生き返るまでの間に少し時間がある」と思うのですけれども、その間に、主人公が霊界《れいかい》体験をしたり、天上界《てんじょうかい》に行ったりする描写《びょうしゃ》も入れたほうがよいのでしょうか。

イエス・キリスト　それは、まあ、入れたほうがうれしいですね。幸福の科学で、身近で指導しているような人（霊人《れいじん》）たちと、お会いしてもいいかもしれませんね。そういう人たちの意見もあるし。

あるいは、そう深い体験までは行けないかもしれないけれども、霊界を幾《いく》つか垣間《かいま》見るようなことは、あってもいいのではないでしょうかね。

本人にとっては短い時間なんだけど、霊的な時間はある意味、〝無限〟にも見えるところがあるので、実際、病院で死んでから法事をやって、まあ、焼き場まで行かないけれども、法事をやるまでの間にちょっと時間がありましょうから、「その二、三日の間に、霊体験として何が起きるか」ということですかね。

死神が出てきてもいいし、死神との対決があってもいい。死神も来るし、天使も助けに来るし、あるいは、昔の自分のお父さんやお母さんが出てきてもいいと思うんですよね。

それ以外に、多少、光のトンネルとか、三途《さんず》の川的なものをくぐる経験をしてもいいと思う。

あと、三途の川もあれば、あるいは洞窟《どうくつ》みたいなものを見つけて、そこを降りていくと、今度は地獄《じごく》の世界が見えるというのかな。「地獄の亡者《もうじゃ》たちの光景を幾つか見る」みたいなことも許されて。あの世のガイドの人（霊人）が来て、「ちょっと見せてやろうか。おまえ、このまま死ぬかい？」ということですかね。

幾つかあの世の世界を見せて、それから、あの世に引いていこうとする者と、天使の助けとが拮抗《きっこう》している場合があって、本人が心を決めなければいけない。

死のうと思えば死ぬことはできる。あの世の世界を見たあとで、「自分で考えて、『人生これで終わった』と思っていいなら、（死後の）行き先だけを選べ」と。「しかしながら、『まだやるべき仕事が残っている』と深く決意することがあるなら、もう一度チャンスをやろう」というようなところですかね。

だから、天国と地獄の一部を、やはり、見せていただいたほうがありがたいですね。

これをどこまで描《えが》けるかはちょっと難しいですが、すでに幸福の科学のアニメなんかでも、いっぱい出ている世界ではあるので、これを可能な範囲内《はんい》で、実写で少し描くことが大事です。

また、他の死者の霊たちの姿を描いてもいいと思うんですね。病院で死んだ他の人たちを、ちょっと見る機会があってもいいと思う。このへんのところで、啓蒙《けいもう》的な部分はそうとうつくれますよね。

「死んでいる間に見聞したこと」を入れることができたら、ちょっと面白《おもしろ》い感じになりますかね。

質問者A　そうですね。

イエス・キリスト　まあ、代表的な地獄の部分を、多少、少し軽めではあるけれども、幾つか見てくることはあってもいいかもしれないですね。導きの天使が来て、見せてくれるという。

「復活」のシーンをどのように描《えが》くか

イエス・キリスト　そのあと、最後は「復活の天使」が現れて、「あなたにそういう気持ちがあるなら、復活を認める」ということで、導いてくださると。

（その際）約束をして、誓約書《せいやくしょ》を書いてもいいですよね。「残りの命は、真理を広げて人々の心を救うために、こういう地獄に堕《お》ちないように人々を救うために、作家としてペンを活《い》かして働きたい」というようなことを言わせるというかね。

そういうことによって「復活」が許されて、突如《とつじょ》、棺桶《かんおけ》のなかで息を吹《ふ》き返して。まあ、不思議なシーンだろうと思う。特撮《とくさつ》は難しいかもしれないけど、ちょっと滑稽《こっけい》にも見えるでしょうが、葬儀《そうぎ》に来ていた人たちが慌《あわ》てふためいて、ゾンビみたいになっている。

それで、子供の一人か何かが、息子《むすこ》か誰《だれ》かが、「これはパパ、生き返ったんじゃないか」とか言ってね、「みんなそう騒《さわ》いでないで、お棺の蓋《ふた》を開けなきゃいけないんじゃないか」みたいな感じで言って、開けたら、（息を吐《は》きながら）「ホーッ」と言って起き上がってくる。それを見たら、みんな、またもう一回尻餅《しりもち》をついて、ずっこけるんでありましょうけどね。

まあ、幽霊《ゆうれい》を見たような感じになるとは思います。僧侶《そうりょ》が逃《に》げ出すシーンがあってもいいかとは思いますけど。

そうした話も、（主人公の復活後の著書）第一作に書かなければいけないだろうしね。

話をいろいろしたりするけど、分かってくれる人、分かってくれない人、いろいろあって。「それは妄想《もうそう》よ」とか言う人もいるし、「それは、そういう本を読みすぎて、そう思っただけだ」とかね、「死ぬ前には脳内物質が分泌《ぶんぴつ》されて、そういう光のドームだとか、三途の川だとかを見ることになっているんだよ」とかね、そんなことを言う人もいるから、そういう者との会話も多少あってもいいでしょうかね。

質問者A　はい。

イエス・キリスト　「それは医者の誤診《ごしん》であって、死んでたんじゃなかったんだ」というのも、交ぜてもいいかもしれません。

でも、医者のほうとしては、「これはもう確率的に治る可能性はなかった病気で、診断に間違《まちが》いはない」というようなことを言うというかね。まあ、そんな感じですかね。

「一家の大黒柱《だいこくばしら》の死と再生」という奇跡《きせき》の物語

イエス・キリスト　あとは、もちろん、実際にリハビリ期間もありましたから、そういうところも少し描《えが》いてもいいと思うんですね。

歩いて、体をもう一回鍛《きた》え直して、戦おうとするところあたりですかね。そのへんも要《い》ると思うんです。例えば、「最初、車椅子《くるまいす》から、杖《つえ》をついて、そして歩けるところへ」と復活していく姿ですかね。「その過程でも、作品を書き続けようとする」という感じかな。そういうものを描けたら、面白いですね。

（世の中には）そういう経験をしている人はいっぱいいるから、そういう人たちを勇気づけることにもなるでしょうかね。

質問者A　はい。

イエス・キリスト　「いろいろと人間関係で挫折《ざせつ》とか、軋轢《あつれき》があるなかでも、自分の思いというか、使命を遂《と》げようと奮起していくところが、ある種の感動を呼ぶ」という感じですかね。

まあ、そういう、「一家の大黒柱《だいこくばしら》が死ぬということに対して起きる人間模様のなかで、再生していく」という奇跡《きせき》の物語をつくっていくことがあるし、この映画をつくることによって、おそらく、「十字架《じゅうじか》からの復活」「イエスの復活」や「オシリスの復活」と同じような物語が、後世に伝えられることになるのではないかと思います。

質問者A　はい、ありがとうございます。

5　家族との葛藤《かっとう》をどう描《えが》くか

病院のベッドの上で、眠《ねむ》れない夜を過ごす

質問者A　少し現実的な話になってしまうのですが、家族には具体的にモデルとなる人がいます。このあたりを、どのように描《えが》くかというところで、何かアドバイスを頂けないでしょうか。

イエス・キリスト　人は病気をして入院しているとき、孤独《こどく》ですので、その間、いろんなことを考えるんですよね。考えたり、思い出したり、「もう死ぬ」と思ったときに、やっぱり、人生を自分なりに思い出す。

もちろん、家族は面会時間に来てくれたりはするけれども、そのあと、夜の暗闇《くらやみ》のなかで眠《ねむ》れない夜を過ごすわけで、その間にいろんなことを思い出して、後悔《こうかい》することがいっぱい出てくる。

その後悔の代表的なものは、幾《いく》つかあると思う。夫婦《ふうふ》の問題や親子の問題、きょうだい間の問題とかね、そういう後悔するものがある。

まあ、多少のフィクションはあってもいいかとは思います。ちょっとデフォルメ（変形）して構わないと思います。

感謝していた家族から、気持ちが離《はな》れていくわけは……

イエス・キリスト　妻に関しても、いざ（自分が）死ぬとなったら、今度は逆に、今までのわだかまりみたいなものが解けて、いったん感謝の気持ちに変わっていくんですけどね。

それで、「自分が倒《たお》れたときに来てくれる人は、ほかにはいない」ということに対して、妻とか子供たちが来てくれることに対して喜びを感じるんですけれども、体が治っていくにつれて、その気持ちが微妙《びみょう》に変化していくところの難しさというかね。

まあ、妻の側としては、「もう二度と危険な目は結構だから、あんな忙《いそが》しい作家に戻《もど》ってもらいたくない」というか、「命さえあれば、それでもう、（命あっての）物種《ものだね》で構わない」と思っているのに対して、夫は「いや、やらねばならないことがあるんだ」と言っている。その食い違《ちが》いみたいなものはあるかもしれませんね。

だから、本当は、夫のほうとしては、自分が倒れたときに、妻や子供たちにかけた迷惑《めいわく》や苦悩《くのう》みたいなものを思い出して、いちばん、家族に対して反省が進んだり、感謝の気持ちが湧《わ》いていた。にもかかわらず、その気持ちが微妙に、「人類愛」というか、「利他《りた》愛」のほうに変わっていくために、家族との間に微妙な齟齬《そご》ができてきて、いちばん感謝していたのに、家族から気持ちが離《はな》れていかざるをえなくなる。

その過程のところかな。このへんを上手に描けたらいいのかなと。いったん、そういう死を体験した人の場合、信用しないですよね。家族を信用しないし、会社なんかでも、同僚《どうりょう》を信用しないと思います。

それでも生きていかねばならないのが人間ですよね。人生、いつまでかは分からないけど、生きていかねばならない。まあ、その感じを上手に描けたらいいですよね。

質問者A　そうですね。

主人公の結婚《けっこん》の際にあった「誤解」とは

イエス・キリスト　そうですね、（映画の主人公は）「三年間、本当は（妻を）好きではなかった」というような話で、「好きではなかった人と結婚《けっこん》したのに、感謝して、いちばん好きになったときに別れがやってくる」みたいな逆説的なものを入れると、文学的な味わいは深くなるのではないかと思います。

質問者A　はい。

イエス・キリスト　「好きではなかったのに結婚したことについて、言えなかった」というところは、これはちょっと、描《か》き方を工夫《くふう》しなければいけないけれども、実は、結婚の際に、ある種の誤解があったんだと。

御祖《みおや》さんという作家さんは、本を読んだり小説を書いたりするのに夢中の方で、現実処理のほうは面倒《めんどう》くさがりの方であったので……。

本当は、まあ、別の話に変えておいたほうがいいのかもしれません。幸福結婚相談所があるから、それを使わせてもらってもいいかもしれませんが、例えば、結婚相談所で紹介《しょうかい》されたという設定にするとしましょうか。

そのときに、結婚相談所が間違えて、本当は違う人に薦《すす》めなければいけないのに、隣《となり》の部屋の人に薦めなければいけないのに、間違えて御祖さんに薦めてしまった。それなのに、御祖さんは作家で面倒くさいから、「もう何でもいい」ということで、受けてしまったと。

あとで、「それは間違いだった。相手はこっちだった」ということが分かったんだけれども、本人は、「まあまあ、もういいよ。もう決めちゃったからもういいよ」みたいな感じで言っていた。それを、奥《おく》さんのほうは知らなかったという。

実は、あなたではなくて、隣の部屋にいた人が、本当は薦められた相手だったんだけれども、面倒くさがりで、本を読んで小説を書くだけの人だったから、「来てくれるなら誰《だれ》でもいいよ」「向こうがオーケーと言っているんだ。もういいや」という感じで。

本当はそういうことがあって、(主人公は) 三年間、隠《かく》していて黙《だま》っていたんだけれども、三年いる間に、だんだん夫婦らしくなってきたと。

そういう過去があったことを、実は、妻に対する負《お》い目として持っていたと。

まあ、例えば、そういうのでもいいんじゃないかと思うんですね。

質問者A　そうですね。

イエス・キリスト　実際は、こういう見合いの話ではなくて、恋愛《れんあい》の面で誤解があったことはあったんだけれども、そういうことでは、ちょっと生々《なまなま》しくなる面があるかもしれませんので、こういう感じでもいいんじゃないですか。「見合いでちょっと取り違えた」「結婚相談所のほうが、会わせる相手を間違えて引き合わせてしまった」みたいなほうが。

だけど、御祖さんはもともとそういうことには疎《うと》いほうだったので、もう面倒くさくなって、みたいな感じで。

死ぬ前だからこそ反省できることもある

イエス・キリスト　だから、最初は、「本当に好きになったわけでも、愛情を持っていたわけでもないんだけれども、気に入ったようなふりをしていた」というか、「もう面倒くさかった」という感じだったのが、子供もできてきて、だんだん家族らしくなってきたと。

そして、大黒柱になったときに倒れてしまって、そのときに、何となく「申し訳ない」というか、「偽《いつわ》っていた部分について申し訳なかったかな」と思っているとか。

質問者Ａ　はい。素晴《すば》らしいと思います。ありがとうございます。

6　復活した主人公が起こす「奇跡《きせき》」

「病気治し」や「金粉《きんぷん》現象」の奇跡が起きても構わない

質問者A　「主人公は、復活したあと、霊《れい》が視《み》え、霊の声が聴《き》こえる作家になり、さまざまな霊現象を撒《ま》き散らしながら生きていく」という設定ですが、さまざまな霊現象というのは、具体的にどのようなものでしょうか。

イエス・キリスト　教団によれば、いろんなところで報告されている「奇跡《きせき》談」がいっぱいあるじゃないですか。そういうなかで代表的なものをちょっとピックアップして、起こるべきことを起こしたりしてもいいんじゃないですか。

自分は病気が治ったんだけど、今度は逆に……。

宗教家という設定ではないんだけど、小説家としての、小さな講演会みたいなのに呼ばれたりして。

まあ、（幸福の科学の講演会より）もうちょっと小さくてもいいと思うんですよね。今の幸福の科学みたいに大きくなくて、小さいところで座《すわ》ってお話をしていて、前のほうにいた車椅子《くるまいす》の人とか、杖《つえ》をついているおばあちゃんとか、そのような人が話を聴いているうちに、「あれ？　立てるようになった」とか「杖が要《い》らなくなった」みたいなことは起きてもいいでしょう？

質問者A　はい。

イエス・キリスト　それとか、何かその本？　まあ、原稿《げんこう》かな。御祖《みおや》氏が書いた原稿を読んでいると、例えば月刊雑誌でもいいけど、そんなのに連載《れんさい》している原稿を読んでいると、「何だか金粉《きんぷん》みたいなものが周りから現れてきて、降ってくる」とかですね。そして、「降ってきた金粉を集めて調べてみたら、本当の金だと分かる」というような奇跡があったりとかですね。

あるいは、何でもいいんですが、十年間、動かなかった時計が急に動き始めたりとかですね。

まあ、反対のケースは、幸福の科学でもありましたけどね。幸福の科学の初期のころの、一年目くらいの研修会だったと思いますが、「総裁（当時は主宰《しゅさい》）の講演が始まると、時計の針が〝ぶっ飛んで〟しまって、壊《こわ》れてしまった」みたいなことがありましたけどね。そんなのもあってもいいかもしれないし。

まあ、何かありうべき奇跡は、ほかにも幾《いく》つかあると思うので。

「人生が変わる」というかたちでの奇跡譚《きせきたん》

イエス・キリスト　あるいは、「天使が出てくる夢を見て、迷っていた人生の問題に気づく人」とかね、経営者とかで、そういう人が出てくるとか。「スクルージ（ディケンズの小説『クリスマス・キャロル』の主人公）が目覚めたあとの奇跡《きせき》みたいなことが、いろんな場面で、人と会ったりしている間に起きてくる」ということがあってもいいんじゃないでしょうかね。

その代わり、家にいろんな人が御祖さんを訪ねてきたりするようになることで、医学的な見解を持っている病院の医師とか、科学的な思考の人とかは、ちょっと快く思わなくなったりするし、子供も学校で、「おまえの父ちゃん、死んだのに生き返ったんだって？　ゾンビ！　ゾンビ！　ゾンビの子供！」とか言われたり、からかわれるような面が、例えばあるとかね。こんなことも、あってもいいかもしれませんね。

まあ、そのような感じで、何か奇跡譚《たん》が、ちょっと周りにも起きたりするようなことがあってもいいかもしれない。

今回は、「宗教をつくるところまでは行かないところ」で行きたいと思いますけど、「何か、人が挫折《ざせつ》したり、そこから立ち直ったり、新生しようとしたりするようなところで、励《はげ》ますような仕事をやっていこう」とする感じ？　そういうものを、作家だけれども兼《か》ねていこうとする面があってもいいんじゃないでしょうかね。

特に、「病気の人を励まそう」という気持ちが強く出てきているところなんかは、いいんじゃないかと思いますけどね。

質問者A　今、お話しいただいただけでも、だいぶ流れが見えてきたと思います。

7　イエスが、この映画に込《こ》めたいメッセージ

「生死についての問題」は、外したくないポイントの一つ

質問者A　ストーリーについての具体的な質問はだいたいさせていただいたと思いますが、イエス様からご覧になって、「ここだけは外してほしくないポイント」や、「いちばん込《こ》めたいメッセージ」などがあれば、教えていただけないでしょうか。

イエス・キリスト　やっぱり、「生と死の問題」を、主人公が考えるところ。「死とは何か」「生とは何か」「人間とは本当は何なのか。肉体なのか、魂《たましい》な

のか」というところ。ここのところを、実体験を通しながら突《つ》き詰《つ》めていくところ。

この「生死についての問題」は、誰《だれ》もが必ずぶち当たる関門なので、ここのところは、やっぱり外したくない。

それと、もう一つは、「あの世の世界というか、真理の世界に目覚めた人に対して、ある程度、偏見《へんけん》や誤解を持つ人との出会いはあるけれども、それを乗り越《こ》えていかなければいけないんだ」というところですかね。

（大川総裁の復活には）イエス・キリスト、私も関係があるので、今回の映画のなかに、ちょっとは出していただきたいなと思っています。

実際には、私イエスとエドガー・ケイシーが病院で出て（出現して）いますけれども、そのへんが力を与《あた》えているところあたりも、ちょっとは……。

本当は、病院で〝死ぬ〟前に、夜中に現れて、「おまえはいったん〝死ぬ〟かもしれないけれども、必ず甦《よみがえ》るから」みたいなことを言っているシーン、そういうのを出していただきたくて。

（映画では主人公が）「それを信じます」みたいな感じで言うところ。「実際はもう死んでしまって、非常に唯物論《ゆいぶつろん》的に処理されようとしているなかで、生き返ってくる」という感じかな。そのへんを出したいかなと。

それから、「一家の大黒柱が生死の境をさまようことによって、家族がどういうふうに変化していくか」みたいなところを、できるだけ上手に、いろいろな人間模様を描《えが》いてみたいなと思いますね。

「人はどういうふうに変わっていくか」という感じですかね。

「この世的な成功がすべてではない」ことを描《えが》いてほしい

イエス・キリスト　あとは、利他《りた》に生きる人は、ある意味で滑稽《こっけい》に見えるところもあるんですけど、「それに怯《ひる》まずに生きていかなければいけない」というところと、「新しく命を得て、また同時に、失うものもあることを知らなければいけない」というところですかね。

「肉体が滅《ほろ》びても、まだ残るものへの確信」みたいなものは強く強く描《えが》きたいし、生前に持っていた有名作家としての誇《ほこ》りというか、プライドみたいなもののなかには、正当な部分も一部あるだろうけれども、そのなかの「不当な部分」というか、「偽我《ぎが》であったところ」「高慢《こうまん》であったところ」と、「この世的な成功がすべてではないんだ」というところは、きちっと描いてほしいかな。

「この世的な成功に酔《よ》いしれていた自分は間違《まちが》いだった」ということ、「この世的に偉《えら》いということが、霊的《れいてき》に、死んでからも偉いということになるわけではないんだ」ということかな。

むしろ、この世的には小さくても、人のために生きようとしていた人が、あの世では偉いのであって、「この世的に自《みずか》らを大きくした者は、あの世的には小さくなり、この世的に自らを小さくした者が、あの世では大きくなる」というところですね。その奉仕《ほうし》の精神のところを、うまく描き込めたらいいなと思うんですけどね。

だから、これは〝ミニ・イエス〟であり、〝ミニ・トルストイ〟でもあるわけです。

聖人のところでは、トルストイもそうでしたけど、イエスも、実は母や父との関係は、必ずしもうまくいったわけではないんです。

「自分の息子《むすこ》が救世主だと名乗って、十字架《じゅうじか》に架かって死ぬのに立ち会う」なんていうのは、正気の母ではいられないことで、（現代に伝わる聖母マリア像は）後世に美化してくださったことだと思いますけどね。

「自分の育て方が悪かったのか」とか思うようなところもあったと思いますし、トルストイも、妻とすごく愛し合っていたのが、うまくいかなくなってね。あと、家出して、駅舎のなかで、娘《むすめ》に看取《みと》られながら死んでいきますよね。

そのへんの、「必ずしも、この世的に完全に認められたり、理解されたりするわけではないんだ」というところかな。

偉い人だから全部がうまくいくかといったら、そういうわけではない部分、そうした情感の部分を、余韻《よいん》としては、やっぱり漂《ただよ》わせたい部分はありますよね。

批判や誤解が出ても揺《ゆ》るがない「自分の使命への確信」

イエス・キリスト　まあ、でも、（大川）総裁も〝失ったもの〟もあるんだろうけれども、しかし、それにとどまることなく、〝新しいもの〟のほうに進んでいってはいるんでしょうから。失ったものは数多くある。「人間関係」その他、いっぱいあったと思うんですけれども、ただ、「自分の使命への確信」は揺《ゆ》るがないでやっていますよね。

教団を手伝った人でも、去っていった人はいっぱいいるし、裏切った方だっていっぱいいますよね。敵になった方もいるかもしれない。そのなかを生きていったわけですね。

ですから、マスコミのほうも（映画のストーリーに）入れるとしたら、流行作家がいったん死んで生き返って、そして、まったく違う論調の本を書き始めたあたりで、マスコミに多少揶揄《やゆ》されるような面を描《か》いてもいいんじゃないでしょうか。

質問者A　そうですね。

イエス・キリスト　そういうことで、「この人、『いったん死んで復活した』とか言ってるけど、ちょっとおかしくなったんじゃないか」みたいな批判・

誤解が出てきても、多少はいいんじゃないですか。それで古いファンが離《はな》れていくシーンとか、でも、作者としてめげずに書いているところとかがあってもいいかな。

質問者A　はい。ありがとうございます。

8　現代医学は奇跡《きせき》を受け入れられるか

神秘的なものを認めるか否定するか、医者にも二種類ある

質問者Ａ　もう一つ気になるところがあります。
映画には医師と病院が出てくるのですが、病院というのは、けっこう唯物《ゆいぶつ》的なところではないかと思います。医師や病院サイドを描《か》くに当たり、医師への警鐘《けいしょう》のようなものを込《こ》められればよいと思うのですが、何かアドバイスはありますでしょうか。

イエス・キリスト　「医者にも二種類ある」というところを、上手に描《えが》けた

らいいですね。

実際、これは実体験した方ですね。ここ（映画）で桃山《ももやま》先生という名前で呼ばれている人の場合、実在の先生（がモデル）ですが、現実の体験としては、「本来、医学的に見たら、（大川総裁は）そういう（死んでいる）状態ではあったんだけれども、まだ年も若いし、普通《ふつう》の人とは違《ちが》うかもしれない」ということを、ある程度、認めていましたね。

その下の准《じゅん》教授になっている人の場合には、「医学的に見て、臓器移植やカテーテル手術を今すぐにやらないと駄目《だめ》だ」と。本当は医者として優秀《ゆうしゅう》な方なんだけれども、それ以外は考えられなかった方ではありますよね。

ただ、その時点だけで責めてはいけなくて、あとからだんだん変わってはくるわけだけれども、医者のなかにも、「これは普通ではないかもしれない」という感じを持っている人もいたことはいたのです。「自分で治している」という。

奇跡《きせき》を目《ま》の当たりにした医者たちの、さまざまな反応

イエス・キリスト　実際、退院したときに、この桃山先生に当たる人は、「本当は、最低二十一日間、病院に入院しなければ〝許されない〟ことになっているんだけれども、アメリカなんかではもっと早く出すこともあるし、本人が『退院したい』と言うなら」というようなことで、退院を認めている。そうして早く退院させているし、「普通の人とは違うんじゃないか。精神力がそうとう違うんじゃないか」というようなことを言っておられた。

医学的には、「心臓肥大《ひだい》になって、心臓が収縮しないで大きくなっている場合、普通はもう縮《ちぢ》むことはない」と言われているものを、現実に縮ませているので、「これは本人の意志で縮みました」ということを、実際、言われたりもしています。

退院するときにも、「医者としては、私らは何もやっていないんです。初期治療《ちりょう》しか本当にやっていないので」ということを言っていました。お小水がたくさん出る薬を飲ませて〝水抜《ぬ》き〟をして、水を一日二百ccぐらいで止《と》めて、水を体から出す。排水《はいすい》することをやって、体重を減らすことはやったけれども、それ以外は、何も治療としてはやっていない。オペもしなかった。

それなのに、現実に退院してしまったケースではあるので、「そういうこともありうる」ということを認める医者と、「やっぱりありえない。即《そく》臓器移植以外に方法はない」という医者がいた。だけど、臓器移植なんか簡単にできるものじゃないですからね。そういう相手（提供者）がいなければできないので、医者の間でも意見の葛藤《かっとう》がありました。（前者は）多少、神秘的なものを感じる人ですね。

あと、ここ（映画の原作ストーリー）には書いていない人ですけれども、ほかに来ていた人で……。これは、この物語と関係ないかもしれませんが、（大川総裁が）宗教家としての話をして、「インドのヨガの行者《ぎょうじゃ》なんかには、自分の意志で、心臓を止めたり動かしたりできる人がいるんですよ」と言ったら、もう二度と顔を出さなくなった医者もいるぐらいです。

そうした「医者の多少の混乱」と、「いろんな医者がいる」というところを少し描《えが》いてもいいかもしれませんね。

質問者A　そうですね。

毛細血管が開いて、新しい冠動脈《かんどうみゃく》をつくっていた

イエス・キリスト　結論的には、「医学部を嫌《きら》う」とか、「医者を嫌う」とかいうだけでなくて、「真理を知っている医者みたいなものへの希望」を多少

打ち込んでおいてもいいんじゃないでしょうか。

結局、そうは言っても、薬が治すわけでもない、手術が治すわけでもなく、「本人の生きる意志とか、あるいは天命みたいなものが導くんだ」というところはあると思うんですよね。「そういうところを大事にしなければいけないかな」というところですかね。

この場合、実際は、この准教授に当たる方が、（当時の大川総裁の）奥《おく》さんに「今晩でも亡《な》くなりますから」みたいなことをすでに言っていて、家族がみんなでお別れに来た状況《じょうきょう》にはなっていたわけですよね。

あとは、（准教授は）あくまでも唯物論的治療を翌日以降も主張し続けていたけれども、実際は、オペは何もしないで一回退院してしまっているわけです。

それが必ずしもいいとは言えないですけれどもね。オペをしていい場合もあるとは思います。実際、体としては悪くなったところがあったので。

例えば、冠動脈《かんどうみゃく》は三本とも詰《つ》まっていて、（それぞれ）「九十九パーセント」「九十九パーセント」「九十パーセント」という詰まり方をしていたので、普通だったら生きている状態ではなかったのに、毛細血管のほうが開いて、〝新しい冠動脈〟をつくっていた。だから、「苦しくなかった」という状態が生まれていた。自分で勝手に〝別の動脈〟をつくっていたんですね。そういうこともあったんです。

あと、カテーテル（手術）は、実際には二年後ぐらいにやってはいるんです。体力が回復してからね。

桃山先生という、ここに出ている人も、「カテーテルは体力が要《い》りますから、元気になってからやってもいいんだ」ということを言っていましたけれども、実際上は、「九十九パーセント」「九十九パーセント」「九十パーセント」と詰まっていたら、普通は生きているはずがないんです。

それが生きていたというのも、実は神秘の一つです。「毛細血管が大きくなってバイパスを開いていた。自分でバイパスをつくっていた」ということも、現実にはあったんですね。

この映画で、それを描くかどうかは別ですし、描き込めるかどうかも分かりませんけれども、「生き返る」「息を吹《ふ》き返す」ということだから、何らかの意味での「奇跡《きせき》」が起きないといけませんので。その奇跡が起きることに関して、このことを使うことはできる可能性はありますね。

質問者A　分かりました。

9　「現代における復活」を描《えが》く意味

「死」を経験する前のベストセラー作家としての主人公像

質問者A　（同席していた質問者Ｂに）何かありますか。

質問者B　では、一つだけ。

イエス・キリスト　はい。

質問者B　主人公は、最初はどんな本を書いていた人なのでしょうか。

イエス・キリスト　やっぱり、お金がよく儲《もう》かるタイプの本ですかね。（復活の前後で）ちょっと〝変身〟しなければいけませんので、利他《りた》の思いを込《こ》めたような本というよりは、「こうやればお金が儲かる」とか、「こうやれば仕事が成功する」とか、「こうやれば彼女をゲットできる」とかですね、そういうハウツー本も含《ふく》めて、ベストセラー本みたいになるような感じのものをよく書いていた。

そういった、別の意味での信奉者《しんぽうしゃ》というか、〝信者〟はいたんですけどね。「ヒットする映画のつくり方」とか、「ドラマのつくり方」とか、「会社でモテモテになる法」とか、そんなのをいっぱい書いていて、「お金が儲かって成功するという、この世的な成功を得てこそ人生だ」みたいな感じを強く出していったほうが、たぶんいいだろうと思いますね。そんな感じですかね。

実際、大川隆法も、ベストセラー作家みたいに思われていたところもあるので、そういうふうに見ていた人もいるだろうとは思いますけどね。
そんなところで、だいたいよろしいですか。

質問者Ａ　はい。だいぶ詰《つ》まってきたと思います。

「病気が治るような奇跡《きせき》も、また起き始めるんじゃないか」

イエス・キリスト　あとは、筆力《ひつりょく》さえあれば、できると思います。映画としては、わりあい成立しやすい映画だと思います。そのへんの心境が描《えが》けるかどうかですね。

それから、「深夜の病院での孤独《こどく》」とかね、「悩《なや》んでいるところ」とか、「朝、家族が来てくれるのを待っているところ」とかね、お昼でもいいですけど、その「待っている病人の切ない感じ」とかね、「無力感」とか、こういうものを上手に描けると、病気をしている人たちへの慰《なぐさ》め、励《はげ》みにもなりますよね。

昨日《きのう》までバリバリに働いていた人が、突如《とつじょ》、入院して寝《ね》たきりになるわけですからね。だから、(人生は)難しいですよね。そのへんを上手に描ければいいですよね。

これはやっぱり、宗教映画としては、一度通らなければいけないテーマです。病気で死ぬだけの、悲しみの映画はいっぱいあると思うけど、「復活」を描《か》いた映画は、そんなにはないでしょうね。難しいでしょうね。

「現代における復活」を描《えが》いた映画。その意味では、意味は大きいと思うし、この映画をつくることで、実際に病気が治るような奇跡《きせき》も、また起き始めるんじゃないかと思いますね。

「教団史の、本当はあまり大きく表に出せないところの一面を、フィクション仕立てで知らせる」という意味もあるでしょうかね。

質問者A　この頂いたご教示をもとに、できるかぎり天上界《てんじょうかい》のご意向に沿ったものを……。

イエス・キリスト　あとで、いい奥《おく》さんが出てくるモデルに（今の奥さんを）使わないと。

質問者A　秘書ぐらいで出てもいいかなという気はしています。支えてくれる秘書という感じで出てもいいかと思います。

イエス・キリスト　まあ、「人生というのは、それほど複雑怪奇《かいき》なものだ」ということかな。「みんなが思う、一本調子の成功だけでは終われない」ということは、知っておいたほうがいいということだね。

「諸行無常は、そのとおりだ」ということですね。「命を明日《あす》あると思うな」というところもあるからね。それはしかたがないことで、働き盛《ざか》りのサラリーマンたちにとっても、これはありうることではないかと思うので。

教団としても、中堅《ちゅうけん》を中心とした前後両方に広がるマーケットはあると思いますし、ニーズは一般《いっぱん》にも必ずあると思います。

じゃあ、よろしくお願いします。

質問者A　ありがとうございました。

第2章

『世界から希望が消えたなら。』

〈シノプシス・脚本《きゃくほん》留意点〉

二〇一七年六月十日　トルストイ霊示《れいじ》

※本霊示《れいじ》は、二〇一七年三月一日収録の「イエス・キリストの霊言《れいげん》」（第1章）の後《のち》に、映画「世界から希望が消えたなら。」のシナリオ制作に関しての脚本《きゃくほん》留意点として、トルストイから降ろされたものである。

①人生に出会う問題集のうち、仏教的「老《ろう》・病《びょう》・死《し》」の問題を、中年期によくある危機に焦点をあて、もし自分の人生に「ＩＦ《イフ》」が起きたとき、妻や生活力のない子供たち、事業、そして「自分自身の死」をどう受け容れることができるかを問う物語。

②この世的に、ある程度の成功を収めていた男が、「死の自覚」、「自分の執着を見つめる生涯反省」、「唯物的人生観から霊的人生観」への観《かん》の転換を経て、「死」「復活」「神への信仰」に目覚めていく。

③簡単に言うとすれば、急に「命」を失った者が、神の力によって、もう一度「命」を与えられるとしたら、どう生きることを誓《ちか》うかを問う。

④主題は「トワイス・ボーン」であり、ある意味での「悟り」である。

⑤地位・名誉・成功・金銭・学歴が自分そのものだと思っていた男が、貧しさ、病気、障害、仕事上の挫折《ざせつ》などにも目が行くようになり、弱者に勇気を与えたり、この世に生きとし生けるものの命をいつくしむようになる。

⑥現代版・小さなキリスト物語である。

⑦家族の絆《きずな》とは何か、真の愛とは何か、後世《こうせい》に遺《のこ》すべき仕事とは何かを問う。

⑧妻や仕事仲間、長男、長女、次男などにも、それぞれの人生の問題集を解く鍵《かぎ》が与えられる。

⑨平凡な日常性の中に潜む「悪魔的習性」や「神の持つ習慣」もさりげなく描く。

⑩決して忘れてはならない視点は、死からの復活を遂《と》げた人間の「不動の視点」や「新生への自覚」である。

⑪最後に、映画を観《み》る一人一人に、世界から希望が消えたと思ったとしても、まだ人生は続いていくことを自覚させる使命がこの物語にはある。

「霊言現象《れいげん》」とは、あの世の霊存在の言葉を語り下ろす現象のことをいう。これは高度な悟《さと》りを開いた者に特有のものであり、「霊媒現象《れいばい》」（トランス状態になって意識を失い、霊が一方的にしゃべる現象）とは異なる。外国人霊の霊言の場合には、霊言現象を行う者の言語中枢《ちゅうすう》から、必要な言葉を選び出し、日本語で語ることも可能である。

また、人間の魂《たましい》は原則として六人のグループからなり、あの世に残っている「魂のきょうだい」の一人が守護霊《しゅごれい》を務めている。つまり、守護霊は、実は自分自身の魂の一部である。したがって、「守護霊の霊言」とは、いわば本人の潜在《せんざい》意識にアクセスしたものであり、その内容は、その人が潜在意識で考えていること（本心）と考えてよい。

なお、「霊言」は、あくまでも霊人《れいじん》の意見であり、幸福の科学グループとしての見解と矛盾《むじゅん》する内容を含《ふく》む場合がある点、付記しておきたい。

第3章

救世主としての新復活

――映画「世界から希望が消えたなら。」参考霊言《れいげん》②――

二〇一八年七月十三日　収録

幸福の科学　特別説法堂《せっぽうどう》にて

イエス・キリスト　二十二ページ参照。

エドガー・ケイシー（一八七七～一九四五）

アメリカの予言者、心霊治療家《しんれいちりょうか》。「眠《ねむ》れる予言者」「二十世紀最大の奇跡《きせき》の人」などと称《しょう》される。催眠《さいみん》状態で、病気の治療法や人生相談等について、一万四千件以上もの「リーディング（霊査《れいさ》）」を行《おこな》った。エドガー・ケイシーの魂《たましい》の本体は医療系霊団《れいだん》の長《ちょう》であるサリエル（七大天使の一人）であるとされている（『永遠の法』〔幸福の科学出版刊〕参照）。

〔質問順三名は、それぞれA～Cと表記〕

※本霊言《れいげん》が説かれた背景

総裁認可が出ていたシナリオに対して、映画のプロデューサー陣《じん》が実際に撮影《さつえい》するに当たり、上映時間や予算面、この世的な常識の観点から修正を施《ほどこ》した。その結果、ストーリーの最大のテーマである救世主の復活の奇跡《きせき》が、一般《いっぱん》的な奇跡のレベルに下がってしまい、本来描《えが》こうとしていた大川隆法総裁に起こった奇跡から、ずれた内容になってしまった。大川隆法総裁は、この映画で何を描くべきかを改めて確認するため、各霊人《れいじん》の意見を聞いた。この映画の最終的なシナリオは、本霊言等を参考にしたものとなった。

1　イエス・キリストの霊言《れいげん》

「私は指導を受けた側」と語るイエス

大川隆法　では、イエス・キリストを招霊《しょうれい》します。
イエス・キリスト、イエス・キリスト……。

（約五秒間の沈黙《ちんもく》）

イエス・キリスト　イエスです。

質問者A　ありがとうございます。
今回の映画「世界から希望が消えたなら。」のシナリオ（収録当時の案）へのご感想などがあれば、お願いします。

イエス・キリスト　いや、私のことをそんなに宣伝する気はないんですけれども。そんなに強く宣伝する必要はない。

何か、これ、キリスト教のシンパができるような感じにちょっと見えるんですけどね。私は、教団的にはそこまでの役割は担《にな》っていないし、私は指導を受けた側なので。

だから、まあ……、（大川隆法総裁が）病気のときには、「関係がある」と思って病院に「行った」というより、「呼ばれた」と言うべきだと思うので。で、行きましたけれども、私が主体的に全部をつくり変えたみたいに言われるのは、ちょっと違《ちが》うかなと思います。

「復活」の末に、全部イエスと一緒《いっしょ》にするようなものでもないし。まあ、トルストイとかは、レベルはずっと低いですから。それは、やっぱり、彼あたりの意見で全部支配されてはいけないでしょう。うーん、そういうものではないと思うので。

質問者A　はい。もともとは、「主人公は作家で、商業主義に走りかけたところで病気をして、復活が来る」という設定だったので、やや中途半端《ちゅうとはんぱ》になってしまったところがありました。

ですから、そこは、やはり、ノンフィクションにして総裁先生を投影《とうえい》したものにしたほうがいいのかなと、今は思っています。

病気を境に前後際断《ぜんごさいだん》された教団史

イエス・キリスト　とにかくね、病気を境にして前後際断《ぜんごさいだん》してるんですよ、（幸福の科学の）教団史が。それまでの教団史とその後とは「別」になっているので。これは、やっぱり、「別の教団」になっているんですよ。

これは「後世の謎《なぞ》」だと思うんですよ。だから、その「後世の謎」の部分の橋渡《はしわた》しは、やっぱり要《い》ると思うんですよ。

質問者Ａ　そうですね。

イエス・キリスト　結婚《けっこん》したのは一九八八年ですので、前半の、前妻が〝奥《おく》さんでやってきたつもり〟であるところの、その一九八八年から二〇〇七年が始まるぐらいまでですかね、そのあたりで。
それで、二〇〇七年ごろから、どうも病気したのをよく知らない、秘書というか、転出していた女性たちが、「先生にはもう少し働いてほしい」みたいな感じのことを言い出して、〝動き始めた〟というのがありましたよね。そのころからあと、前妻のほうは、少し距離《きょり》を取って離《はな》れていき始めた。

質問者A はい。

イエス・キリスト で、「秘書が入ってやり始めたら、動きが変わってき始めた」というところですね。何人かの人の力が働いているとは思うけど。
その後の展開自体は、前妻の頭のなかにはまったく考えられていなかったものだったので。「総裁が、四十七、八歳《さい》で死んでもう終わって、あとは自分が継《つ》いでいく」という前提での人生構想を立てていた。九十歳までの自分の人生構想を立てていたんだと思うんですよね。
前後際断しているんですよ。その前後際断の「秘密」が多少は分からないと、やっぱり、（この映画を）つくる意味はないんじゃないかと思うんですけどね。

救世主よりも、作家や医者のほうが格好よく見えていた前妻

質問者B　イエス様から見て、総裁先生の復活の前と後で、具体的に、実際はどんな部分がいちばん変わったと思われますか。

イエス・キリスト　いやあ、奥さんが、全権を持っていたわけじゃないけど、完全に仕切っていたつもりのときは、やっぱり、「夫婦《ふうふ》愛がすべてのもとで、それがあって（総裁に）余力があれば、ほかの人に対していろんなことをな

されてもいいんだ」という感じで。

まあ、会社とか組織とかがあっても、あくまでも「家庭ユートピア」が基《き》礎《そ》で、その先にそういうものがあるんだという考えだったんだと思うんですね。

だから、（前妻は）「そういうかたちで全部つくらせよう」としていたところはあったと思うんですよね。これは、けっこう一般《いっぱん》的なことなんですよ。ところが、（総裁は）「世界愛」のほうに踏《ふ》み切っているんですよね、その後の流れはね。やっぱり、本当に救世主になろうとしているんですね。

そこまでの自覚を持っていなかった奥さんから見れば、宗教家というのは知っていたけれども、宗教家というよりは、ここ（収録当時のシナリオ案）に書いてあるように、やっぱり、作家のほうが格好いいと思っていたというか、「売れっ子作家の奥さん」というほうが格好よくて。

だから、東大を卒業するときに、みんなに結婚する話をしても、「相手は？」

って言われたときに、「出版社の社長です」と言うと、「ああ、いいね」みたいに言われてっていう感じの？　これは、今の東大生たちがみんな、就職とかのときに、外の人に惹《ひ》かれていくのと同じパターンであるので。

新宗教みたいなのだと格好悪いと思われるし、田舎《いなか》の両親にも説明が十分できなくて、「もしかしたら、これは精神病かもしれないぞ」「統合失調症《しょう》かもしれないぞ」みたいなことをずいぶん言われたりしていて。まあ、実際に会って、いちおう合意を得て結婚してはいるけどね。

ただ、本当は、向こうの奥さんのほうが、もう……。あちらが突撃《とつげき》してきて、体当たりで結婚しているわりには、最初から間違いはあるというか、「夫のほうから恋《こ》い焦《こ》がれられて、『結婚してください』と迫《せま》られた」みたいに繕《つくろ》おうとして。まあ、そこに、あのロキ的な要素はもうすでにあるんですよ。そういうふうに仕立てようとしたあたりは。

それでも、その父親は、「本当は、娘《むすめ》のほうが好きで押《お》しかけたんだろう」

●ロキ　北欧神話に登場する神の一人。権謀術数《けんぼうじゅっすう》に長《た》け、善悪の二面性を持つ神として描かれることも多い。

ということは想像していたみたいではあったんですけどね。まあ、そのあたりから始まっていって。
最初は、東大を出ている医者あたりと結婚したいぐらいに思っていた。そちらのほうが上だと思っていたので。「偏差値至上主義《へんさちしじょうしゅぎ》」も入っていたし、「医学部は偉《えら》い」っていうことも、二十年間〝刷《す》り込《こ》み〟が入っていたからね。
だから、作家的なところが目に見えるようなかたちの宗教家ぐらいで止まっていてほしかったところはあった。

質問者B　では、最初の（主人公の）設定は、そういう感じの人でいいということですね。「宗教家だけれども作家のような雰囲気《ふんいき》の人」ということで。

イエス・キリスト　そういうこと。だから、まあ、（前妻は）宗教家としても、「仏陀《ぶっだ》のときには文殊《もんじゅ》」、「ヘルメスのときにはアフロディーテ」と、過去に両方とも妻としていた（と自称《じしょう》して）、その繰《く》り返しというかたちで出られるのならいられたという感じだったから、それ以上、広げるのならもう……。今みたいに「地球神」みたいなことを言われるんだったら、「ちょっと無理」という感じではあったと思うんですよね。

（前妻は）職員が八人しかいないときに来ていますから、そのときに見た（幸福の科学の）世界は、「自分の実家より小さい」ぐらいに思っていたっていうところですよね。

質問者A　そうですね。

「救世主の復活」を「病気が治った体験談」に引き下げた問題

質問者B　最初にイエス様から頂いた原作ストーリーとか、最初のシナリオとかも、多少、フィクション性を含《ふく》みながらも、読んでいてそれほど違和《いわ》感がなかったんですけれども、今回、ちょっとほかの人の手を加えられたことにより、おそらく、大事な何かが欠落しているように感じます。それは何なのでしょうか。

イエス・キリスト　それはね、弟子《でし》が見ている先生はね、至極《しごく》元気ですから。だからですよ。

質問者B　ああ。

質問者A　確かにそう見えるかもしれません。

イエス・キリスト　弟子が見ている先生は、よく海外を回って、年に百数十本も説法《せっぽう》をする先生ですから。ねえ？　だから、(年に)数回しかできない、まあ、「(年に)十本二十本、精一杯《せいいっぱい》やって月に一本か二本しかできない先生」っていうのは理解できないんですよ。

それはなぜかっていうと、奥さんが先生を子育てに参加させていたからですよ。

質問者B　それで、その「復活の大きさ」が〝小さく〟なって、いわゆる「病気が治った」みたいな〝普通《ふつう》の感じ〟になってしまったということでしょうか。

質問者A　「ザ・伝道」（幸福の科学の布教誌《ふきょうし》）に載《の》っている「病気が治った奇跡《きせき》」のような感じになってしまっていますよね。

質問者B　信者さんが体験しているような「末期のガンが消えたところから復活した」といった感じになっている……。

イエス・キリスト　いやあ、それは、やっぱり、広報（局）とかが大きいんじゃないんですか。「前妻問題」に蓋《ふた》をしたいからじゃないですか。

質問者A　なるほど。

質問者B　ああ、そこを……。

イエス・キリスト　週刊誌も絡《から》んで訴訟《そしょう》合戦までしてますので。まあ、蓋をしたいからじゃないですか。大きくしたくないから。

だったら、ここのところをあまり扱《あつか》いたくなくて、ほかのところへ話を持っていきたいので。まあ、霊界《れいかい》の話とか、そんなもののほうに持っていきたいし。復活したあと活躍《かつやく》する分には別に構わないですから。

まあ、そのへんの夫婦関係のところを、なるべく、あまり触《さわ》ってほしくないと思っているんじゃないですかね。

質問者B　ああ、だから、ちょっと論点がぼやけてきて……。

イエス・キリスト　ぼやかしてるんです。

質問者B　その代わり、「臨死体験」のような感じの霊界の話に変わっているということでしょうか。

イエス・キリスト　うん、（そちらに）持っていって。そうそうそうそう。「霊界伝道の映画」に変えようとしているんじゃないですかね。

質問者A　そういう意図が入ってしまったのですね。

イエス・キリスト　まあ、難しいことではあるんですけど。ヤショーダラだって捨てられてますからね。それは言ってもしょうがないんで。

質問者A　はい。

イエス・キリスト　「救世主の使命」を持っている人は、やっぱり、その使命を果たさなければいけないからね。そのためだったら、親とかね、きょうだいとかね、そんなものは捨ててきたんで。

それを知った上で来た嫁《よめ》さんであっても、その全体の輪郭《りんかく》というかね、どこまでやる必要があるのかっていうのを分かっていなければ、やっぱり、届かないし、おそらく、半分ぐらいは自分の力だと思っていただろうから。

これは、経営者なら理解できる、「無理だ」っていうのが分かるっていうことでしょう？　だから、もう（教団の経営が）見えていなかったんだけど、やっているつもりでいたっていうところでしょう？

質問者Ａ　そうですね。

イエス・キリスト　このへんの悟《さと》りが、実はもう追いつかなくて。

実際上は、結婚して一年か二年ぐらいで、「ああ、もう、これは（総裁と自分とでは）頭が違う」って言ってたんですよ、奥さんのほうはね。だけど、この世的なプライドは別にありますからね。この世的なプライドはあるので。だけど、「頭が違う」というのは、結婚した最初のころから、どんどんどんどん……。まあ、勉強とか仕事のところを見て、「ああ、違う」っていうのはもう分かった。「容量が違う」っていうのかな、それは分かってはいたんだけど。ただ、それを認めるだけだったら、捨てられるだけになっちゃいますからね。

だから、どうやって他人様《たにんさま》を入れないようにするか、「人は使いたいけど入れたくもない」っていうところで悩《なや》んでて。それで、（総裁を）子供のところと一緒にして、家族と囲ってしまうことで、自分を護《まも》ろうとしていたっていうところですよね。

まあ、ショックもあったとは思いますけどね。「パパが病気するなんて誰《だれ》も考えていなかった」っていうようなことは言ってましたから。用意をまったくしていなかったことも事実ではあるんでしょうけどね。

質問者Ａ　そうですね。

手伝っているつもりで、邪魔《じゃま》をしているところがあった前妻

質問者Ａ　「前妻との葛藤《かっとう》」と「救世主としての自覚」のところは、やはり、絶対、マストのところではあったんですね。

イエス・キリスト　というか、悟りがね、自分が思っている「文殊」の部分と、それから、「ナイチンゲール」の部分と、「アフロディーテ」の部分？そこで理解できる範囲《はんい》でしか見てないところだから。まあ、そんな大きなあ

れまではね、ちょっと……。

だから、実は、手伝っているつもりで邪魔《じゃま》しているものはあったんですよ。

質問者A　なるほど。

イエス・キリスト　（シナリオには）書けなかったかもしれないけど、「医者の娘で（嫁に）来た」っていうのを自慢《じまん》にしていましたからね。おかげで、（総裁は）病気治しができない状態がずっと続いていたこともあったし。

それから、「英文科を出ているから、英語は自分のほうができるんで、自分が通訳して国際伝道をしてもいいけど、その前に海外の下見をしなければいけない」っていうことで、海外旅行に四十回も行ってますけどね。

結局、ここのところも、実は、東大の英文科を出ている奥さんがいたために、国際伝道ができなかったところがあるんですよね。海外へ行くのに、添《てん》乗員《じょういん》とガイドがいないと行けないレベルで、日本語しかしゃべらない状態でしたよね。

ご主人のほうは、実際に海外へ自分一人で行って歩いていたほうですからね。タクシーに乗ってどこへでも行けたんで。でも、（前妻は）それを観光のあれを使ってでないと行けなかった。

だから、実際は足を引っ張っていたんですが、そうは思いたくない。

質問者A　そうですね。

イエス・キリスト　その「英文科の卒業生として国際体験を積みたい」みたいな部分を、（総裁は）〝引き取っていた〟んで。

だから、ある意味では「幼な妻」で、「親がやらなきゃいけない部分」まで夫が引き受けさせられたっていうのが事実なんですよ、現実はね。（前妻の）

〝親代わり〟をしていたところはあるんですよ。

まあ、そのへんの重さの部分を、歯を食いしばって持ち堪《こた》えながら、みんなを育ててやっていたところはあったけれども、まあ、子育てをしているうちにそれも重くなって、護るのも限界になってきてたところもあるしね。

質問者A　とても大変だったのですね。

「結婚《けっこん》したら平等だ」という前妻の考え方

イエス・キリスト　それに加えて（総裁が）病気をしたので、そのへんでまた、まあ、（前妻は）競争心の張った方だから、「もう一回、自分のほうを立てたい」っていうところもあったし、「一生、（自分が）いられるように、仕組みをそうしたい」っていうところもあったし。

だから、実家のほうをちょっと、ある意味で……、まあ、四国も遮断《しゃだん》されていたけど、秋田も遮断されていたところはあるんでね。秋田の親の考え方が教団の運営に入ってこられると困るところがあったのが、病気を境にして、ちょっとそれが崩《くず》れてきたのもあるし。そのあと、向こうの親の病気もあったし。

このあたりで、だいぶ自分のアイデンティティーが崩れてきた。

質問者Ａ　そうですね。

イエス・キリスト　で、今いるところは、結婚《けっこん》する前の時代に戻《もど》っているんだろうと思いますけどね。たぶんね。

質問者Ａ　はい。

イエス・キリスト　教会に行ったことがあるとかね。以前の威張《いば》っていた自分の……。

まあ、ちょっといろんな要素はあるかもしれませんね。

質問者A　はい。

イエス・キリスト　ただ、「自分は百点満点」と思って生きているからね。そのへんのところは、もうちょっと、この世的に言えば、「夫の優《やさ》しさ」と、「仕事能力」とか「年齢《ねんれい》」の部分に、ちょっと、ある意味ではつけ込んだところはあるわね、やっぱりね。

甘《あま》えすぎたところは、あることはあったかな。

（約五秒間の沈黙）まあ、難しいね。

質問者A　そうですね。

質問者B　一つの論点としては、やっぱり、そこの論点を、（収録当時のシナリオでは）ちょっとうやむやにしすぎた感があるっていうところでしょうかね。

イエス・キリスト　だから、「男女平等」「夫婦平等」っていうのを、けっこう言っていた。それは最近の子供たちの結婚のところでも出ている論点かもしれないけど、「結婚したら平等だ」っていう、ある意味ね。

だから、一会員だったのから、「（総裁と）平等になった」という。

病気の体験を通して高まった「救世主の自覚」

質問者B　この「世界から希望が消えたなら。」については、最初にイエス様から原作ストーリーとかのアイデアを頂いていると思うのですが、外してはいけないメインのコンセプトは何でしょうか。

総裁先生が読まれても共感できるような、伝えたいことは何ですか。

イエス・キリスト　いや、そこにはやっぱり、「一つの悟り」があったのではないですか。

質問者B　そのきっかけに……。

イエス・キリスト　だから、今まで、奥さんに気兼《きが》ねしたり、子供に気兼ねしたり、世間《せけん》に気兼ねしたり、親に気兼ねしたりしていたところはあったと思うんだが、実際、その宗教家というか、「救世主になるべき人が、死を実感したときに、残された時間、やはり救世主として、やるべきことをやらなきゃいけなくなっていく」っていうこと。

質問者A　はい。

イエス・キリスト　その自覚は、「人生はいつ終わるか分からない」と思うところで。

質問者B　なるほど。では、やはり、今回は（シナリオが）編集された結果、その悟りが……。

質問者A　弱まってしまったということですね。

質問者B　弱まって、「臨死体験をして得た悟り」ぐらいにまで落ちてしまっているところが問題なんですかね。

イエス・キリスト　うーん、それは〝落ちてる〟でしょうね。

質問者B　そうですね。一つはそこなのかな。

イエス・キリスト　だから、病気をしたことによって、「救世主としての自覚」が高まっているんですよ、実はね。

質問者A　はい。

イエス・キリスト　だから、（総裁が初期のころ）作家的に見せていたところは事実です。これは嘘《うそ》ではなくて、そうなんですよ。

質問者A　はい。

イエス・キリスト　高額納税者（番付）なんかに（名前を）載せて、よく本が売れているというのを見せることで、本を買う人が増えて、会員が増えてくるというようなことを最初に考えていたのは、ある程度、事実なんですよ。それが、こういう体験を通して、本当の「救世主の自覚」に変わっていっているんですよ。

質問者B　なるほど。

もう一つの「方便《ほうべん》の時代の終わり」

イエス・キリスト　今、東大の卒業生たちが、けっこう唯物論《ゆいぶつろん》的で、この世的で、ちょっと信仰《しんこう》が足りないとか、霊的でないとか言われているけど、似たようなものは奥さんにもあったわけで、先生に対しても、「やっぱり東大の卒業生として、この世的にいいほうがいい」っていう感じの〝刷《す》り込み〟はあったので、社会経験はしているけど、それが消えるのにちょっと時間がかかっているんですね。

質問者B　はい。

イエス・キリスト　だから、これで、「駄目押《だめお》し」みたいな感じ。「死ぬかもしれないんだったら、どうするんだい」っていうところですよね。

質問者B　なるほど。そういう問いが来たんですね。

イエス・キリスト　「それでいいのか?」っていうところですかね。だから、「方便《ほうべん》の時代の終わり」が、もう一つ出てきた。

質問者B　もう一回来た。

イエス・キリスト　もう一回来たんですよ。「まだ方便があるだろうが」っていうところがね。ここのところですよね。

●**方便の時代の終わり**　教団草創期の多様な高級霊への方便的な信仰を脱却し、世界宗教に向けて、「エル・カンターレへの帰依《きえ》」を中心とした「三宝《さんぼう》帰依体制」を確立するために、1994年、法話《ほうわ》「方便の時代は終わった」が説かれた。『宗教選択の時代』（幸福の科学出版刊）参照。

質問者A　はい、はい、はい。

イエス・キリスト　「『これだけは伝えておかないと、死んでも死に切れない』という部分があるだろうが」っていうことです。「ここまで来たら、もう、奥さんだの、子供だの、その他だのって言っていられない」という部分が、やはりあったっていうところですよね。

質問者A　はい。

本当の救世主になるために必要だった「中年期の挫折《ざせつ》」

イエス・キリスト　だから、これは、「第二の悟り」なんですよ、実は。

質問者B　はい、はい。

イエス・キリスト　まあ、第二かどうか……、二十四（歳）で（大悟《たいご》が）あって、三十でもあったかもしれないが、それからもう三回目かな？「三回目の悟り」なんですよ、実を言うと。

質問者A　はい。

イエス・キリスト　この悟りは、本当は「救世主になるための悟り」なのであって、いったん死を自覚し、（死に）直面しなければ、本当の救世主になれなかったところはやっぱりあるんですよ。

だって、「体は元気で、学力優秀《ゆうしゅう》で、仕事はできて、本が売れて、人気があって、この世では何でもうまいことといっている」というだけでは、やっぱり、救世主にはなれないところはあるんですよ。

若い日の、いろいろな挫折はあったかもしれないけど、それ以外に、「中年期の挫折《ざせつ》」が、もう一つ必要だったんですよ。

質問者B　ああー。やはり、もう一段上の悟りの……。

イエス・キリスト　これは、「さらば中年」なんですよ。

質問者B　「さらば中年、されど中年。」ですか。

イエス・キリスト　「さらば中年、されど中年。」なんですよ。

だから、この死に向かっていく壮年期《そうねんき》、老年期に向けて、もう一回〝脱《だっ》皮《ぴ》〟しなければ駄目になる部分だったんですよね。

この世的に認められることが、前半の仕事ではあったのですが、一定の規模をつくったりして認められることだけではなくて、次は、「やらねばならぬこと、ミッションを果たす」ということが、次のテーマになってきたんです。

これは、でも、必要なことだったと思うんです。

質問者Ａ　はい。

いちばん大事なのは、「主人公の自覚」のところ

イエス・キリスト　だから、奥さんとしては、自分が自慢してきたことを全部捨てるぐらいでなければ、たぶん無理だったと思いますよ、私はね。

まあ、全部そのまま持っていこうとしていたからね。

質問者B　今回（弟子でシナリオ修正する話し合いのなかで）、何かこう、「あまり登場人物に共感できないんじゃないか」とかいう論点も、一部にあったことはあったようなんですけど。

イエス・キリスト　いや、そんなことはないんじゃないですか。死にかける経験をした人が、もう一回、再起していくところなんか、今の大人たちのなかでも、そういう人はいっぱいいると思いますよ。

質問者A　そうですね。

イエス・キリスト　仕事をしていて、会社が潰《つぶ》れるなり入院するなりして、再起をかける人っていうのはたくさんいるし。

質問者B　「主人公に対する妻の磯子《いそこ》の発言とか、周りの英一《えいいち》の発言とかが、共感を呼べないんじゃないか」という論点もあったようなのですが、やはりその「主人公に共感してもらう」ということでしょうか。

質問者A　いちばん大事なのは、「主人公の自覚」のところですね。

イエス・キリスト　自覚がね。
家族愛でね、何か病気をすることによって、他人《ひと》の世話になりますからね。

質問者A　はい。

イエス・キリスト　だから、家族のありがたさを、いちばん分かってきたとき、「ああ、家族がいてありがたかったな。独《ひと》りだったら、こういうときに見舞《みま》いにも来てくれなかっただろうし。自分が無力のときに手伝ってくれて、家族愛、家族の絆《きずな》が本当に大事なんだ」と思っているまさしくそのときに、実は、救世主としての急展開が起きてくるっていうことなんですよ。

質問者B　本当に、「次なる悟り」ですね。

イエス・キリスト　そうなんですよ。「次の悟り」なんですよ。

質問者B　「脱皮のときだった」ということですね。

イエス・キリスト　だから、「いちばん愛しているときに、離れなきゃいけない」っていう、まさしくそうなんです。「愛しているがゆえに、正体を明かせない」っていうのは、スパイダーマンとかその他でもあると思うんですが、「愛しているがゆえに、それを自覚しているがゆえに、自分は、今世《こんぜ》の使命を果たさなければいけない」っていうところ。このへんの展開しているところが、実は難しいところなんです。

これが、「第二」、あるいは「第三の覚醒《かくせい》」ですね。

質問者B　なるほど。分かりました。

イエス・キリスト　まあ、これで終わるかどうかは知りませんが。もし、そうした中年期に病気とか、会社の倒産《とうさん》とかを経験しなかったとしても、六十ぐらいで、また仕事を辞《や》めてね、これから生きようとする人の部分をまだまだカバーし切れていないかもしれませんが、もしそういうのがなかったとしても、多少、そういう人たちにも何か影響《えいきょう》を与《あた》えるものがあったほうがいいですよね。

質問者B　分かりました。

宗教家でも、「死」に直面すると、もろく崩《くず》れる人は多い

質問者A　以前（の霊言《れいげん》〔本書第1章参照〕）は、「主人公が一回死んで、その霊界描写《びょうしゃ》も入れたほうがいい」というご意見だったと思うのですが、今のご意見はいかがですか。

イエス・キリスト　うーん……。（約十秒間の沈黙）今回の場合は、（総裁は）霊界についてはもう十分に知っていたからね、すでに。だから、「病気によって霊界を知った」っていうことはまったくないね、本当はね。

質問者A　はい。

質問者B　そうですね。最初、磯子さんとのいさかいなども含めた論点が入った上で、霊界描写まで入れると、ほかの一般の方や信者さんなども、もう少し、いろいろ勉強できたかもしれないのですが、尺（長さ）の問題とかがあって、大事な部分を削《けず》って霊界描写だけを入れると、ちょっと〝違う話〟になってしまうということですよね。

質問者A　そうですね。

イエス・キリスト　本当は、霊界描写よりも、あるいは霊界体験よりも、「自分自身の自覚が変わったところ」のほうが大きいので。

質問者B　そちらのほうの描写を掘《ほ》り下げるということですね。

イエス・キリスト　うん。だから、二十四のときもそうだろうけど、頭では分かっていても、実際に霊体験をしたことによるショックっていうのはあったと思う。

質問者A　はい。

イエス・キリスト　頭では分かっていても、「実際に死ぬということに直面したときに、宗教家がどうなるか」っていうところだよね。

質問者B　そうですね。

イエス・キリスト　このときに、もろく崩《くず》れる人がいっぱいいるんですよ。

質問者B　はい。

イエス・キリスト　だから、何て言うか、座主《ざす》だとか、宗教的に偉いっていうような人が病院へ行ったら、もうただの「わがままな人間」になってしまうケースなんか、いくらでも世の中にはあってね。「ただの人以下、平均人以下になってしまう」っていうのは、よくある。「考えたこともなかった」という人がいっぱいいるんで。

質問者A　はい。

イエス・キリスト　それは、みんなも見ていることなんですけどね。

（死に）直面することによって、本当に、まだもう一枚めくれていなかった、「宗教家としての最後の自覚」のところが〝取れた〟感じになりました。

「不惜身命《ふしゃくしんみょう》」で、やるべきことをやる

イエス・キリスト　だから、再度の伝道に入るときには、本当に、「死ぬ、死ぬ」と、ずいぶん言われたわけですが、「もう死んでもいい」と思って、「やるべきことをやらなきゃいけない」ということであったんですよね。

質問者B　「不惜身命《ふしゃくしんみょう》」という言葉が、一気に出始めました。

イエス・キリスト　そうだったんですよ。だから、「もう五年ぐらいで死んでもいい」と思っていたんですよ。

質問者Ａ　そうでしたね。

イエス・キリスト　それが、まあ、長くなってきたんで。いったん死にかけてから十四年もたっていますから、ちょっとまた〝風化〟してきて、今いる人たちは、「先生は、ものすごく働けて当たり前だ」という感じになってきてはいるでしょうけどね。

質問者Ａ　そうかもしれません。

イエス・キリスト　それで、子供たちのほうからは、「もうそんなに頑張《がんば》ってくれなくて結構」っていう声も出てきているのかもしれないけどね。「来年もあると思うな命」っていうことで働いていた感じが、伝わらなかった。
だから、これが最終ではないかもしれないけれども、「中年期のもう一回の覚醒」。これが、やはり、メインテーマでしょうね。

質問者A　はい。

イエス・キリスト　これ（大川総裁の体験）は、だから、「一般人の臨死体験のレベルではない」かな。

質問者B　うーん。そうすると、ちょっと、そっち（一般人の臨死体験）の感じの話になってしまっているということですか。

イエス・キリスト　そんなのは、ありふれた話ですから。

質問者B　なるほど。

イエス・キリスト　そうじゃなくて、まだ方便があった部分が取れてくるところでしょうかね。

質問者A　はい。

質問者B　分かりました。

ある程度のフィクション性は必要

イエス・キリスト　だから、もし、切り替《か》えたかったら、「出版社の社長でやってきたのが宗教家になってしまう」のなら、別に構わないと思うんですけどね。

質問者A　最初は「作家 兼《けん》 出版社社長」とかで、「死」に直面して本物の宗教家に……。

イエス・キリスト　実は、霊感なんかも得ながら、本は書いてた。

質問者B　（本を）書いていて、実は（霊的なことについては）知っていて、というところですね。

イエス・キリスト　そんな人はいるじゃないですか、役者でも。「実は霊感がある」とかね。作家でも（霊感が）ある人とか、いることはいるんで。画家とかね。

質問者B　善なる方で、常勝《じょうしょう》思考的な本とか「成功の法則」みたいな感じのいい本を書いてはいて。

質問者A　そういう本を書いている方もいらっしゃいますからね。

質問者B　ただ、死を経験して、「もう一段深い宗教家として生きていこう」と決意する。

イエス・キリスト　うん、まあ、そこまでの使命があるとは、本当の意味では自覚できていなかったっていうところと……。

質問者B　いいのでしょうか。それだと、またちょっと、総裁先生とは違うかもしれません。

イエス・キリスト　変わっちゃいますかね。

質問者B　（笑）

イエス・キリスト　また変わっちゃいますかね。

質問者C　うーん。

質問者A　でも、全部がノンフィクションというのは無理だとは思うので。

質問者B　そうですね。

質問者A　ある程度、そういうところのフィクション性はないと難しいかもしれません。

質問者B　フィクション性はあったほうが、（観客は）ほかの登場人物に対してもそういう感じで見てはくれるので。

イエス・キリスト　うん。

いちばん重要なポイントとは

イエス・キリスト　まあ、私はそう思うんですが、あとの活躍部分も入れてありますから。

質問者A　うん、うん、そうですね。

イエス・キリスト　何て言うか、霊界のいろんな描写のところは、今回、あえて入れる必要があるかどうかは微妙《びみょう》な……。

質問者A　そうですね。

イエス・キリスト　棺桶《かんおけ》で復活するかどうかのところも、映像としてつくりやすいと思って入れたことは入れたんですけど、まあ……。

質問者B　いちばん重要なポイントを外さずに、まだ尺（映画の時間枠《わく》）が残っている場合には、そういうものを入れたら、もうちょっと映画として成り立つんでしょうけれども、やはり、尺の問題があるんだったら、どこかを削らなければいけないということですね。

質問者A　一時心肺停止に陥《おちい》るぐらいでもいいかもしれない。

質問者B　確かに。

質問者A　それで、「一瞬《いっしゅん》にして復活する」とかいうほうがいいかもしれないですし。

イエス・キリスト　その間にね、霊界体験を短時間すること自体は構わないかもしれないけどね。

質問者A　うーん、そうですね。ちょっと、そのへんは、今のお話から考えて……。

イエス・キリスト　だから、メインは、「二十四歳のとき（大悟）の第一次」、「三十歳のときの降魔成道《ごうまじょうどう》後の第二次」に続いて……。でも、それはまだ作家的な活動がけっこう強かったし、講演会に出るほかにも、この世的に見えるかたちでのあれは多かったとは思うんだけど、「第三次の覚醒」だと思いますよ、ある意味で。

質問者B　では、次の方にも、ちょっと訊《き》いてみます。

イエス・キリスト　はい。

質問者A・B　ありがとうございました。

イエス・キリスト　はい。

2 エドガー・ケイシーの霊言《れいげん》

病気を境にして起きたあらゆる変化

大川隆法　では、次は、エドガー・ケイシーさん、エドガー・ケイシーさん。

（約五秒間の沈黙《ちんもく》）

エドガー・ケイシー　ケイシーです。

質問者A・B　ありがとうございます。

エドガー・ケイシー　確かに、この病気を境にして、伝道っていうようなことを全国でやったり、海外でやったりもして変わりましたが、それ以外にも、ずいぶん多角化し始めましたしね。

質問者A　はい。

エドガー・ケイシー　教育（事業）も始めたり、確かに、英語の伝道も始めたりして、霊能力《れいのうりょく》としても、ちょっと変化が起きたんですよね。宇宙人関連まで、本当は出てきたしね。

で、リーディング能力なんかも、前になかったレベルまで来ているし、病気前のレベルでは、生霊《いきりょう》とかが来ても、それが特定できるところまで行っていなかったんですよね。

●宇宙人関連……　2010年以降、「宇宙人の姿」や「宇宙での生活」、「宇宙から地球に飛来した人々の真実」等を明らかにした法話や書籍を数多く発表している。

だから、「守護霊《しゅごれい》が言ってきた」っていうのも、そんなにはっきりとつかめなくて、「何となくインスピレーションが来る」みたいなレベルもあったんで。

もっともっと進化したんですよ、実はね。このへんのところも大事だね。確かに、（幸福の科学で）病気が治る率は、もう、百倍以上になっちゃったと思いますけどね。

また、能力的にも、実は、もう一段大きくなってるんですよね。開花してきているので。

だから、流れは今、地球を覆《おお》おうとし始めているわけなんですよね。たぶん、かつて体験してないレベルまで行くだろうと思いますけどね。

まあ、映画の枠《わく》に入るかどうかっていうところは、難しいところはありますけどね。

描《えが》くなら描くで、極端《きょくたん》まで行ったほうが、面白《おもしろ》くもあるけどね。

まあ……。（約五秒間の沈黙）「家族の問題」と「家族愛」と「宗教家としての悟《さと》りのやり直し」と、うーん、でも、明らかに、「愛の概念《がいねん》」も変わったとは思うんですよね。

質問者A　そうですね。

以前の映画のときよりも高い悟《さと》りを

質問者B　でも、もし、先ほどもあったように、「出版社の社長から始めて宗教家になる」というんだったら、若干《じゃっかん》、以前の映画のときの、「いろいろなこの世的なものを捨てて宗教家になる」という悟《さと》りのところと、ちょっとレベルが近くなってしまうのでしょうか。

エドガー・ケイシー　いやあ、(悟りのレベルは)上がらなきゃいけないですよね。

質問者B　そうなんですよ。だから、今回の映画(「世界から希望が消えたなら。」)で上がらなきゃいけないということですよね。

エドガー・ケイシー　うん。以前の映画で(宗教を)始めたけど、それでも、また一つの会社的なものになってたやつを、全部失うかもしれない危機に陥《おちい》るわけでしょう?

質問者B　そうですね。「教祖が死んだらどうなるんだ」という話ですもんね。

エドガー・ケイシー　だから、「トワイス・ボーン」で、もう一回やるとしたら」っていうところは、やっぱり……。

質問者Ａ　「商社を辞《や》めて作家になった」という設定はあったから、そこで、「一回、この世の俗《ぞく》を捨てている」ということにはできるので、霊感を得て、商社を辞めて、その霊感をもとにした作品を書いてはいたけれども、ずばり、その……。

質問者Ｂ　「自分の思想を世に問い始めた」という……。

エドガー・ケイシー　作家の部分がさらに……。

質問者Ａ　そう。そういう設定にすればいけるのではないかと思います。

質問者B　なるほど、なるほど。

エドガー・ケイシー　うーん。あと、（幸福の科学で）病気が治り始めたことも事実ではありますからね。それは大きかったと思う。

質問者A　はい。

エドガー・ケイシー　だから、唯物論《ゆいぶつろん》の枠は、ちょっとかけられていたと思うんですよ。このへんね、呪縛《じゅばく》としてね。

今の医学部による、医者による洗脳もあるけれども、もう一つは、高学歴による、「この世のルールみたいなもののほうが上だ」という考え方への挑《ちょう》戦《せん》の部分も、やっぱり、あったような気がしますね。「この世で偉《えら》いと言われる人も、実は何も悟っていないのだということを知った」ということは、あるんじゃないですかね。
このへんをうまく描くのは無理ですかね？

質問者A　なるほど。多少はできるかもしれません……。

エドガー・ケイシー　でも、ある意味での、仏陀《ぶっだ》の「生《しょう》・老《ろう》・病《びょう》・死《し》」の部分？　やっぱり、これを見れば、「仏陀というのは長生きしたんだな」ということがよく分かりますよね。
「生まれる苦しみ」「老いる苦しみ」「病《やまい》の苦しみ」「死ぬ苦しみ」。これは、やっぱり、当時のあれでね、八十まで仕事した人の悟りですよ。

質問者B　だからこそ、人生を網羅《もうら》している教えを遺《のこ》してくださっているので、そこは……。

エドガー・ケイシー　（イエスのように）三十三で死んだら説けない。

質問者B　そうそう。説けない教えですよね。

エドガー・ケイシー　絶対、説けないんですよ。だから、これは、確かに、「中年から後半生に入っていくための、宗教家としての折り返し点だった」というのがあるんじゃないですかね。

それと、何て言うか、自分自身の枠とか、殻《から》とか、劣等感《れっとう》とか、この世的な限界とか思ってたものを、さらに〝かなぐり捨てる〟部分が出てきてますから。

「死ぬというんだったら話は違《ちが》う」っていうところですよね。「それだったら、もう、そんなこと言っていられない」っていうような。

質問者B　使命のもう一段の自覚。

エドガー・ケイシー　うーん。まあ、そういうところはあったと思う。だから、本当に、「もう三年か、五年か」と思ってやり始めたのは事実だと思うから。

大川隆法が体験した「復活」の意味

質問者B　あと、先ほど、総裁先生が（収録当時のシナリオ案を）読み終わったあと、「復活とはいっても、私が体験した復活というよりも、何か普通《ふつう》の病気をしたなかから、病気がちょっと治って復活したぐらいの雰囲気《ふんいき》に感じる」とおっしゃっていたんですけれども、ケイシー様から見ていて、総裁先生の復活には、どんな違いがあるのでしょうか。

エドガー・ケイシー　これは宗教的にはね、一般的《いっぱん》ないろいろな脚色《きゃくしょく》がいっぱいされる部分だろうと思いますけどね。

質問者B　後世《こうせい》ですかね。

エドガー・ケイシー　ここらへんから「神話」がいっぱい出来上がってくるところなんですよ、本当はね。過去のものもそうでしょう。だから、難しいですけどね。

（約五秒間の沈黙）「復活」ということに重点を置くかどうかは分かりませんが、「本来はあの世の存在であるのに、この世に戻《もど》ってきて、残された命をどう使い切るか」っていう問題？

だから、「この世の時間は限られているから、残りの時間を燃焼させて、それで終わり」っていう考えじゃないですよね。

質問者A　はい。

エドガー・ケイシー　「本来、あの世の存在かもしれないけれども、使命を持ってこの世に生まれてきた者は、やっぱり、その使命を果たさなくてはいけない」っていうことですかね。

（総裁）本人が、死ぬかもしれないというときに、「仕事はだいたい終わったかな」と思ってたところはあるので。

質問者B　ちょっと、さっき、先生もおっしゃっていました。「そう思っていたところがあった」と。

エドガー・ケイシー　「まあ、いいかな」と。「三百冊も本を書いていたし、もういいかな」と思ってた。「『老年の法』はちょっと書けていないけど、いいかな」と思ったところはあったんですよ。
もし、その後、こんなに働くと知ってたら、スケジュール表とか貼《は》られてたら、それはたまらなかったでしょうね。

質問者A　そうかもしれませんね。

エドガー・ケイシー　その後、さらに千八百回近い説法《せっぽう》もしてるんですから
（注。二〇二三年六月現在、累計《るいけい》の説法回数は三千五百回以上）。

これからの時代に必要な「再起動」

質問者B　確かに、総裁先生も、病院にいるときに、「もう三百冊も世に本を出したから」……。

エドガー・ケイシー　「もういいかな」と。

質問者B　「もう、自分の人生、ここで終わってもいいかなと思っていた」とはおっしゃっていましたね。

けれども、そこから、また、ちょっと違う人生が展開し始めたというところ……。

エドガー・ケイシー　これは、でも、「共感できない」って言われても、ある意味での共感するところはあると思いますよ。「人生の再起動」っていうのは、みんなが、これからの時代に必要なことかと思いますよ。

質問者B　やっぱり、「共感を求めるべき部分」が、ズレてきていたのでしょうか。

エドガー・ケイシー　これは、若い人たちでは共感はできない部分がありま す。

質問者B　あぁー。

エドガー・ケイシー　やっぱり、無理なんです。若い人は、何でも、「とにかく最初の挑戦で成功したい」って思っていることであるので。これを、もうちょっと、「年上の層」まで入れて思ってもらわないといけないところがあるので。

質問者B　そうですね。

質問者A　はい。気をつけます。

エドガー・ケイシー　これは神話に発展していくものなんで。そこをどう見るかはあると思いますけどね。

質問者A・B　ありがとうございます。

3　当時、診断《しんだん》した医師の見解を、守護霊《しゅごれい》に訊《き》く(1)

「虎川准《とらかわじゅん》教授」として描《えが》かれている医師の守護霊

大川隆法　では、医者の見解を訊《き》きますか。医者の人は……。

質問者B　どちらから行きますか。

大川隆法　どちらからがいいですか。

質問者B　□□病院の先生から行きましょうか。

大川隆法　うーん。両方、□□病院の人ですよ。

質問者B　ああ、そうでしたか。Ｄ先生から行きますか。

大川隆法　（立場が）下の人から行きますか。

質問者A・B　はい。

大川隆法　Ｄ先生、□□病院のＤ先生の守護霊《しゅごれい》。実際の映画（「世界から希望が消えたなら。」）で、「准《じゅん》教授の虎川《とらかわ》先生」として描《えが》かれているＤ先生の守護霊よ。

（約十秒間の沈黙《ちんもく》）

「けっこう、医者不信を持っているな」と感じていた

Dドクター守護霊　Dです。

質問者B　どうも、お世話になっております。

Dドクター守護霊　まあ、ずいぶん時間がたったんで。十四年ですか。信じられないねえ。

質問者B　当時は、お医者様として、大川隆法総裁先生をどのような心境で、どのように診《み》られていましたか。

Dドクター守護霊　いや、とにかく、何か……。いや、「けっこう、医者不信を持っているな」と思いましたね。

質問者A　そうですか。

Dドクター守護霊　医者不信。いじられるのを嫌《きら》っていましたね、とってもね。だから、私たちが言っても、「あんまり信じていない」という感じは受けていました。

「あの状態になって、生きられた人なんかいない」

質問者B　所見は、もう……。

Dドクター守護霊　所見は、〝一般《いっぱん》の診察《しんさつ》〟なら完全に死んでいます。

質問者B　完全に死んでいる？

Dドクター守護霊　（あの状態で死なないということは）絶対ありえない。例外はないです。

質問者B　なるほど。

Dドクター守護霊　この人（大川総裁）以外には、例外はないです、あの状態になって。絶対に死んでいます、病院で。

質問者B　もう、「すでに、体は死んでいる」ということですね？

Dドクター守護霊　いない。あれで復活した人なんか一人もいないです。

質問者B　うーん。

Dドクター守護霊　絶対に死んでいます。ありえないです。

質問者A　そうですね。

Dドクター守護霊　絶対ありえない。これについては、医者としては断言できる。ほかの人で、その後、生きられた人なんていないので。

前日に心筋梗塞《しんきんこうそく》が起きていて、心臓が動いていなかった

質問者B　つまり、病院に来た時点で、もう、体は……。

Dドクター守護霊　もう終わっていたんです。

質問者B　普通《ふつう》に行くと、「死んでいる」ということですか。

Dドクター守護霊　いやあ、「葬式《そうしき》」で……、あの、「お通夜《つや》」ですよ、その日は。

質問者B　なるほど。

Dドクター守護霊　「お通夜のときに、何をしに来たか」っていう。だから、（病院に来る）前の日の午前中に死んでいるはずなんです。

ありえないですよ。心筋梗塞《しんきんこうそく》が起きてね、それから二十四時間たってね、心臓が動いていないんですよ。絶対、死んでいますよ。

質問者B　そうですか。もう、「心臓は動いていなかった」ということですね？

Dドクター守護霊　動いていないんですよ。それで、心筋梗塞が起きたのは「今」じゃないんですよ。「起きて、運んでこられたか」と思ったら、違うんです。

質問者B　もう先生、心筋梗塞が〝終わっていた〟ということですね？

Dドクター守護霊　（心筋梗塞が）起きたのは、前の日の午前中なんですよ。

心筋梗塞《しんきんこうそく》から丸一日たっても歩いていたのには度肝《どぎも》を抜《ぬ》かれた

Dドクター守護霊　（前日の午前中に）出勤して（帰ってくる途中《とちゅう》で心筋梗《しんきんこう》塞《そく》を起こして）帰ってきて、その間、丸一日たって、「家のなかを歩いて生活していた」というのは、これ、ちょっとびっくり。度肝《どぎも》を抜《ぬ》かれましたよ、本当に。

そして、「朝、庭を歩いていて、やっぱり、調子が悪いのかなあと思って、来た」と言うので。「倒《たお》れたか何かして来たんだ」と思いましたから。

質問者B　それで、総裁先生は車に乗って、自分で歩いてこられたんですね？

Dドクター守護霊　うーん。だから、本人は、「(体の状態が) 悪い」という自覚は持っていなくて。「少ーし、調子に何か……」。

質問者B　違和《いわ》感がある、という？

Dドクター守護霊　「異変があるのかな？」っていうぐらいの感じで。「医者なんか来たことがないから、たまに検査してみようかな」と思うぐらいのつもりで来た。

「土曜日は(通常、病院が) 休みだったから、本当は、月曜日に来ようと思っていた」って言っていたから、月曜日だったら、もう、それは本当に焼《しょう》香《こう》していたと思いますよ。

（その）はずなんですけど、本来はね。この人（大川総裁）の場合、ちょっと、例外があるから分からないですけど。

「臓器移植しかない」とは言ったものの、本当は難しかった

Dドクター守護霊　だから、「医学的に、私が間違っている」とは思わないし、「いや、もう、これは臓器移植以外にない」と言いましたけど、臓器移植だって臓器はすぐに手に入らないですから、実際上はありえない。

だけど、「臓器移植しかない」と言ったけど、そのときに即《そく》、「臓器移植はいたしません」という返事が返ってきたんです。「うちは宗教上の理由により、臓器移植はしません」って言ったから。

じゃあ、もう、「これは死んだ」ということで。「死ぬ以外に道はない」と

いうことでしたね。

実際上、そんなに、臓器はすぐには手に入らなかったでしょう。心臓の場合は、もう、ほかのところと違って致命《ちめい》的ですから。

質問者A　そうですね。

質問者B　普通、(心臓が)止まったあとに臓器移植をしても、復活はしないですよね?

Dドクター守護霊　だから、もう、本当は難しかったんですけどね。

「大川総裁は、臓器が動いていなくても生きている人だった」

Dドクター守護霊　とにかく、レントゲンを撮《と》ったらね、心臓から水が溢《あふ》れて、肺まで真っ白になっている。肺まで真っ白だから、肺だって機能しないはずなんです。心臓も肺も機能していない状態で、伸縮《しんしゅく》していないんです。
その状態で、一日たっているんですよ。生きているわけないじゃないですか。

質問者B　確かに、血液は、どう回っていたんでしょうね。

Dドクター守護霊　「（心臓が）収縮しない」っていうことは、血液が送られていないんですよ。

質問者B　そうですよね。送られていないということですよね？

Dドクター守護霊　送られていなくて、死んでいないんですよ。

質問者B　でも、「すべての臓器がきちんと生きていた」ということですよね？

Dドクター守護霊　いや、臓器なんか動いていても動いていなくても、生きている人だったんですよ、結論から言えば。

質問者B　なるほど。

Dドクター守護霊　だからねえ、ちょっと、あれはありえない。

初期治療《ちりょう》以外、何もしなかった

Dドクター守護霊　心臓で言えば、どうだろう。水が肺まで溢れていた。「水」というか、まあ、「水」と言えば「水」、「血液」と言えば「血液」ですが。だから、「（心臓に）収縮する力がない」っていうことですので。

質問者A　そうですね。

Dドクター守護霊　心臓自体は、もう完全に心肥大になっていましたので。肥大していましたから、心臓自体は収縮しないんですよ。

質問者A・B　ええ。

Dドクター守護霊　小さくすることはできないので……、まあ、移植以外になかったけど、「あの状態で移植ができるのか」って言われれば、それは、はっきり言って、何とも言えない。

いや、カテーテルの準備はしてはいたんですけど、結局、それさえ、させてもらえなかったんです。本人が、「したくない」とおっしゃるので。

質問者B　あっ、では、そのあと血管ができたんですか。

Dドクター守護霊　うーん。いや、そのときは、もう何も分からない。だって、なかは何も調べさせてもらっていないので。

手術なんかしていないですよ。（本人のところに）行って、とにかく、しかたないから、初期のやつ（治療《ちりょう》）って、点滴《てんてき》……。点滴は、本当はどうでもいいんですけどね。点滴を入れて、水出しのあれを……、おしっこがよく出る薬を飲んではいましたけど。

質問者B　ええ。

Dドクター守護霊　これ、「初期治療」っていうやつで。（それ以外）何もしなかったんです。

質問者B　なるほど！

「呆然《ぼうぜん》とした退院」と「二年後の結果」

質問者B　それで、そのあと、二年後に、カテーテル手術をするために調べていたら……。

Dドクター守護霊　二年後にね。二年後に、「いちおう、もう、だいぶ元気になったから、やっぱり、もう一回調べてみようか」ということになって、やった。

そうしたら、三本の冠状動脈《かんじょう》が心臓にはあるんだけど、（それぞれ）九十九パーセント、九十九パーセント、九十パーセント詰《つ》まっていた。

これ、絶対、死んでいるんです、こんな人。生きているわけないですよ。だけど、本人は、かなり元気になっていましたよ。

質問者B　なるほど。

Dドクター守護霊　だけど、「完全復活には、ちょっと足りない感じがするから、念のため調べてみようか」っていう。

まあ、上の先生、部長の先生のほうは、(発病)当時は、「カテーテルも力が要《い》るから、体力がついてからでもいい」とか言って、ちょっと緩《ゆる》かったんでね。

私は、「それでも、やってみないと。とにかく、やれることをやらなきゃ」と思ったんですが。「カテーテルか、臓器移植か」と思ったけど、でも、やってもどうせ、たいていの場合は無駄《むだ》で、死んでいる。

質問者B　うーん。

Dドクター守護霊　その日のうちに死んでいるのが普通で、あの状態では、もう、どっちみち、やっても駄目だったと思います、普通は。

「何もしないという選択《せんたく》で、生き返るというか退院する」っていうのは、呆然《ぼうぜん》としましたよ。

質問者B　確かに、それはすごいですね。（手術で）開けずに水を減らしただけという。

Dドクター守護霊　だから、レントゲンを撮っただけですよ。

質問者B　「二年生きて、そのあと調べた」ということですものね？

Dドクター守護霊　うん。自分でも歩いて、体重は落としたし、筋肉をつけたりして、仙人修行《せんにんしゅぎょう》なのか回峰行《かいほうぎょう》なのか知らんけど、勝手にやって、「体が強くなりゃ治るでしょう」みたいな、あっさりした考えでしたから。

「奥様《おくさま》には『昨日、死んでいます』とはっきり言いましたよ」

質問者B　何か、訊きたいことは？

質問者A　ええ……。

Dドクター守護霊　あっ、「死体云々《うんぬん》」が引っかかっているんですか。

質問者A　いえ、いえ。そこは書いても大丈夫《だいじょうぶ》なんですけども。

Dドクター守護霊　（当時の）奥様《おくさま》には、はっきり言いましたよ、それは。「もう死んでいます」って。

質問者B　「もう、すでに死んでいます」って？

Dドクター守護霊　「昨日ね」って。今日じゃなくて、「昨日ね」って。

「死んでいるけど生きていた人」を診《み》て思ったこと

質問者C　「肉体的に死んで生き返った」というのと、「肉体的に死にかけたのに生き返った」というのは、大きく違うような気がしますよね？

Dドクター守護霊　いやあ、死んでいるけど生きていたんですよ。

質問者B　もう、すでに死んでいる状態で……。病院に来たときには、前日の午前中に、すでに心筋梗塞が来ていて……。

Dドクター守護霊　そこで死んでいるはずです。

質問者B　もう、そこで死んでいるはずなのに、「死んでいる肉体なのに歩いていていて、病院に来て」という感じ。

Dドクター守護霊　「歩いていて、ご飯《はん》を食べた」っていう。

質問者B　だから、「死にかけて復活した」のではなくて……。

Dドクター守護霊　「死んで、生きていた」っていうことです。

質問者C　その事例を目《ま》の当たりにして、そのあと、ご自身の考え方や何かが変わったということはありますか。

Dドクター守護霊　いやあ、そのあと何年間か、ときどき検診《けんしん》には来てくれましたから、話しているうちに、「世の中には、そんな人もいるんだなあ」ということは、だんだんに分かるようにはなりました。

私たちの周りにも、（幸福の科学の）本を読むような人も出てきたので、「そんなこともあるのかなあ。医学がカバーしていない範囲《はんい》もあるのかなあ」とは思いましたがね。

質問者B　Dドクターはね、手がとっても大きいんです。

医者が、患者《かんじゃ》本人に「あなたは死んでいる」と言うのか？

Dドクター守護霊　ほかに……。私がいちばん問題なのでしょうから、何か質問があったら訊いてくださいよ。

質問者A　シナリオを構成する上で、制作陣《じん》の方から「医者が本人に、『死んでいる』とか、『すでに死体だ』とか言うことはありえない」という意見もあったんですが、けっこう、おっしゃっていますよね？

Dドクター守護霊　いやあ、（病院の）四階で毎日、死んでいましたから、それは。毎日、死んでいるので。（病状の）いちばん悪い人から死んでいくんですから。

質問者B　たぶん、お医者さんとしては、「余命幾《いく》ばくか」という人に、「もう、あなたは死にますよ」と直接的に言うのは、あまり言えないですよね。家族にだけは言うかもしれないけれども。ただ、「あなたは、もう死んでいますよ」というのは、ほかに言いようがないですよね……。

Dドクター守護霊　（この人は）「余命幾ばく」じゃなくて、ＩＣＵ（集中治療室）に運び込《こ》まれてきたんですよ。これは、もう、「死ぬか生きるか」の境目の人が来るところで、「入院していて（あと）何カ月です」っていうんじゃないんです。

ＩＣＵに……。ＩＣＵなんですよ。

質問者B　総裁先生にも「死んでいる」と言っていたんですか。

Dドクター守護霊　いや、体を起こしてね、斜《なな》めにして、レントゲンを撮った。それしかさせてもらっていないですよ。

質問者B　ああ……。では、「〝磯子《いそこ》さん〟（注。映画『世界から希望が消えたなら。』に登場する主人公・御祖真《みおやまこと》の妻の名前。ここでは、大川隆法の前妻を意味している）のほうにお話しした」ということでいいんですか。

Dドクター守護霊　もちろん、そうです。家族のほうに。

質問者B　〝磯子さん〟に言って……、でも、〝磯子さん〟は、そのままを総裁先生に伝えているので、結局、「死んでいる」ということで伝わった、でいいんじゃないですか。

Dドクター守護霊　うん。それで、（家族のほうは）「もう、今晩は越《こ》えられない。明日《あした》、会うときには、パパは死体になっている」と理解していたと思います。

一日も早く復活しようとして書いた『成功の法』の「まえあと」

Dドクター守護霊　「臓器移植」については、奥さんのほうからも、「信仰上《しんこう》の理由で反対していたから、できない」っていうことは聞きました。別に、新鮮《しんせん》な臓器が入っていたわけではありませんけどね。

だから、あとは何もさせてもらえなかったんですよ、結局。本人は、普通のつもりでいたんですから。

質問者B　総裁先生は、『成功の法』（幸福の科学出版刊）の「まえあと」（「まえがき」と「あとがき」）を書いていますからね、入院中に。

質問者A・C　ええ。

Dドクター守護霊　それは、ＩＣＵから特別室に移されて……。

質問者B　ああ、そのときに書いていたんですね？

Dドクター守護霊　うん。暇《ひま》なので、本人は、一日も早く復活しようとしていましたから。書いていましたね。

精神力がものすごく強かった夫、医者の言葉を信じた妻

Dドクター守護霊　だけど、（病院に）泊《と》まった日の翌朝《よくちょう》あたりに、まだ何か、仕事の書き物をしているのを見て、看護師たちとかが驚愕《きょうがく》していたのは事実ですけど。

質問者B　だから、病院の方は、みな、「もうすでに、肉体的には死んでいるはずの〝死体の人〟が、ご飯を食べたり、何か書いたりしている」というので、けっこうびっくりされていたわけですね？

Dドクター守護霊　私の上にいた部長の先生が言った。「これ、精神力が、普通の人とは、ものすごく違うのではないか」って。

質問者Ａ・Ｃ　ええ。

Ｄドクター守護霊　それで、（大川総裁は）「痛くない」って言うんですよ。私らから言ったら、ものすごく苦しんで、痛くて、もう、「苦しい。苦しい」って訴《うった》えるはずなんですよ。ものすごく痛かったりするはずなんですよ。なのに、「何も感じない」って言うんですよ、本人は。

質問者Ｂ　なるほど。

Ｄドクター守護霊　「いや、ずっと、こんな状態だったので」っていうような言い方なので。

だから、医者としては、もう本当に、〝匙《さじ》を投げた〟状態であったわけだから。

まあ、「死体になる時間」だけの問題であったわけですよ。

退院するというときに、もう、「年内には死ぬはずだ」って、奥さんのほうには言っていましたから。もう、「ほぼ確実に」って。

質問者B　まあ、奥さんのほうは、それを信じて、「そうですね」という感じになったわけですね？

Dドクター守護霊　うん、うん。

ICUから特別室に移った理由

質問者A　ＩＣＵから特別室に移ったのは、「何もしないで経過を見守る」という方針だったからですか。

Dドクター守護霊　いや、本人が、もう翌日、リハビリを始めていたんですよ、ＩＣＵで。だから、困るので。

質問者B　「ＩＣＵ内で、そんなに動かれたら困る」ということですね？

Dドクター守護霊　ＩＣＵは、みんな、死にかけの人がいるのでね。

ＩＣＵで、（本人は）左手に点滴を付けられているのにね、リハビリを始めていたんですよ。「鍛《きた》えないでください」って言われて、（大川総裁は）ショックを受けていたぐらいで。「私は早く復帰したいのに、何てことを言うか」っていうことでね。

〝エンジンが動かないのに車が走っている状態〟だった

Dドクター守護霊　だから、医学的な所見としては、判断に誤りがあるとは思えないんです。

私の言ったことについて、「非人間的だ」とか「医者がそんなことを言うはずがない」とか言うのは、その病状の重さを知らない人が言うことで。この状態で、死ななかった人はいないのでね。

「それで歩けていた」とかいうのは、そんなの、「イエスが水の上を歩いた」というのと同じぐらいの難しさですよ。歩けるわけがないんですよ。そんなはずはない。

質問者A　では、「お医者さんにとっても、衝撃《しょうげき》的な出来事だった」ということですね？

Dドクター守護霊　いや、衝撃ですよ。こんなはずはないですよ。車で言えば、心臓は〝エンジン〟ですから。エンジンが故障したらば、車としては、もう〝終わって〟いますよ。

質問者A　はい。

Dドクター守護霊　〝エンジンが動かないのに車が走っている状態〟って想像できます？

質問者A　いえ、できないですね。

Ｄドクター守護霊　「ありえない」ですよ。

質問者Ａ　そうですか。

質問者Ｂ　分かりました。では、いったん、これで……。

質問者Ａ　そうですね。では、あと、もう一人（の医者の人を）……。

Ｄドクター守護霊　はい。

質問者Ｂ　どうも、ありがとうございました。

質問者Ａ　ありがとうございます。

4 当時、診断《しんだん》した医師の見解を、守護霊《しゅごれい》に訊《き》く(2)

「桃山《ももやま》教授」として描《えが》かれている医師の守護霊

大川隆法　もう一人。

質問者B　じゃあ、最後の……。

大川隆法　あの人は……。

質問者A　E先生？

質問者B　E先生が実名かな？

大川隆法　ええ。

じゃあ、上の部長、□□（病院）の部長だったE先生の（守護霊《しゅごれい》の）ご意見を伺《うかが》います。

E先生の守護霊、お願いします。

E先生の守護霊、お願いします。

「大川総裁は普通《ふつう》の人ではない」と感じていた

Eドクター守護霊　（約五秒間の沈黙《ちんもく》）いやあ、あのあと、二、三年で私は××医大のほうに出たので、フォローはできていないんですけどね。

ただ、私が思ったのは……。（大川総裁は）まだ四十代で若かったし、「普《ふ》通《つう》の人ではないんじゃないか」っていうことを直感的に感じてはいた。「この人は（普通の人とは）違《ちが》うかも（しれない）。普通の人ではないんじゃないか」って……。

いやあ、「大川隆法」ってのは有名でしたからね。

質問者B　ああ。

Eドクター守護霊　下《した》っ端《ぱ》の若い医者とかは、そらあ、新聞も読んでいなきゃ、本も読んでいないかもしれませんけど、私たちは社長クラスをいっぱい相手にしていましたからね。大川隆法は有名ですよ。（こちらが）名刺《めいし》を渡《わた》しても、自分の名刺を出さないぐらいでしたから。

質問者Ｂ　（笑）なるほど。

Ｅドクター守護霊　「私は名刺を出しませんので」ってぐらいの感じでした（笑）。

　カテーテルだって、本人が別にしたくなさそうだから、あれだったし、二十一日（病院に）いなきゃいけないけど、「（入院が長いと）体が悪くなるから、早く退院したい」と言われたので、退院させました。アメリカじゃあ、そんなの、置いとかないので、アメリカ経験のある私としては退院させましたけどね。

　日本の医療《いりょう》はね、とにかく、悪いほうに悪いほうに考えて、最悪のときに責任を取らされないようにする考えであったんでね。出産しても一週間（病院に）いるのと一緒《いっしょ》。アメリカでは、翌日、もう退院しますからね。

「大川総裁は自分の意識で臓器を動かしている」

質問者B　E先生は、この映画のシナリオ自体を読まれてはいないかもしれないんですけど……。

Eドクター守護霊　うん。まあ、感覚的には……。

質問者B　伝わってくる感じとして、もし、「補足したほうがいいこと」とかが何かありましたら。

Eドクター守護霊　（約五秒間の沈黙）あのね、一般《いっぱん》的に言えることとしては、臓器があって人間は体を動かしている。それが普通の考えで、みんなそう思っているし、医者もそう思っています。

ただ、この人（大川総裁）は、「自分の意識で臓器を動かしている」と思っている人だったんですよ。だから、「自分にとって、不随意筋《ふずいいきん》っていうものはない」って言っていた。

質問者B　（全部が）随意筋なんですね？

Eドクター守護霊　うん。みんな随意筋で……。

質問者B　自分の意志で動かせる？

Eドクター守護霊　「体で変えられないものはない」って言っていましたから。

私は、医者として、はっきり、「心臓が肥大して、収縮しなくなっている。これだから困るんだ」って言ったら、本人が、「ああ。じゃあ、心臓を小さくすりゃいいんですね。じゃあ、縮めます」とおっしゃったんです。

質問者B　（笑）

Eドクター守護霊　ショックです。衝撃《しょうげき》なんで……。

質問者B　うん、うん、うん。

Eドクター守護霊　そんなの、医者で聞く人はいませんので。「ああ、縮めればいいんですね。じゃあ、小さくします」と言ったから。

質問者B　この台詞《せりふ》を（今回の映画に）入れてもいいですか。

質問者A　あってもいいかもしれませんね。

Eドクター守護霊　いや、実際に縮んだんですよ、本当に。実際にね、縮んだんです、一週間ぐらいで。数値は小さいかもしれないけど、はっきりと五ミリぐらい、大きさが縮んだんですよ。

質問者B　うーん。

Eドクター守護霊　こんなこと、ありえないですよ。だから、「ほんとに縮んだ。あと、頑張《がんば》って水抜《ぬ》きをし、運動すれば、また縮むでしょう」みたいな感じの言い方をされていた。

まあ、「そういう人が世の中にはいてもおかしくはないかな」と思っていました。

質問者B　（笑）

Eドクター守護霊　下のほうのね、もっと若い医者、三十ぐらいの医者もいて、（大川総裁の病室へ）診察《しんさつ》に行っていたんですけど、大川さんがヨガの行者《ぎょうじゃ》の話をして、「インドのヨガの行者なんかには、自由に心臓を止めたり動かしたりできる人がいるんですよ」って言ったので、それを聞いてから、もう（大川総裁の）病室に入らなくなりました。

質問者B　なるほど。

Eドクター守護霊　医学的には、そんなことはできるはずがないので、そういう、「別の世界があるらしい」っていう話を聞いていると、医者は頭がおかしくなる。

「例外現象だったことは事実」

Eドクター守護霊　あと、映画の参考になることがあるとすれば……。今だって、あれでしょう？（大川総裁に関して）医者は「普通の人の三割から四割ぐらいの心臓の力でやっている」って言っているのに……。

質問者B　そうですね。

Eドクター守護霊　別に、普通の人と一緒に仕事がちゃんとできる。

普通の人の三、四割しか（心臓の力が）なければ、東京ドームで講演なんか、できるはずはない。

質問者B　「心臓は、普通の人の三、四割しか動いていない」って言われました。

Eドクター守護霊　（三、四割しか）動いていないんじゃなくて、「三、四割しか動かさなくていい」っていうことが現実なんじゃないかと思うんですけどね。

質問者B　（笑）日常生活においては。

Eドクター守護霊　たぶんね、そうだろうと思います。

だから、何事にも例外はあるんじゃないですか。それは、しかたがないんじゃないですか。

質問者B　うん、うん。

Eドクター守護霊　確かに、宗教において「病気治し」があることは聞いていますから、全部が嘘《うそ》だとは思わない。私たちのやっている科学でまだ分からないものも、あることはあるのでね。

要するに、私どもは「（大川総裁は）超能力《ちょうのうりょく》を持っているんだろうな」とは思っていたので、それを使うのかなとは思っていたので。

「水が溜《た》まっているんですか。じゃあ、（水を）出します」と本人はおっしゃる。「心臓が大きいんですか。じゃあ、（心臓を）縮めます」とおっしゃったんで。こんなことを言う人、（ほかに）いませんから。

質問者B　（笑）そうですね、「心臓？　分かりました。じゃあ、縮めます」って、なかなか言えないですよね。

Eドクター守護霊　だから、脳の細胞《さいぼう》だって、つくっていると思いますよ。

質問者B　そうですね。確かに。

Eドクター守護霊　それは、「本当の宗教家」なんじゃないですか。

質問者B　うん、うん、うん。分かりました。

Eドクター守護霊　それは感覚的には分かっていましたから。

私としては、「本人（大川総裁）の言うほうを中心にして、Ｄさんの唯物《ゆいぶつ》論《ろん》的な医学を遠ざけないといけない」と。本人の人生観と合わないものは、やっぱり、やれませんので。

宗教家が自分の死生観をどう思うかは自由ですから。本人が死にたけりゃ死んでもいいし、生きたきゃ生きてもいいし。どうするのか、これは分からないと思いましたので。

でも、例外現象だったことは事実です。

質問者Ａ　例外的な奇跡《きせき》なんだったら、やっぱり、（シナリオに）そのまま書いたほうがいいですかね。

死んでいる状態で、そのまま動いていた？

Eドクター守護霊　D君（の守護霊）が言っていたけど、「普通、あの状態で死ない人はいない」っていうのは、そうなんです。

質問者A　映画で「一回、死んでしまった」という設定になると、やっぱり、「ほら、死んだじゃないか」というようなことになるのかもしれない。

質問者B　そうだね。

Eドクター守護霊　うん。

質問者B　というか、「もう死んでいる状態で、そのまま動いていた」ってことですものね？

Eドクター守護霊　うん。そうですね。

質問者B　そのまま書いたほうが、確かにいいのかもしれませんね。

質問者A　そうなんですよ。一回……。

質問者B　「死んだじゃないか」みたいな……。

質問者A　そうそう。そうなんです。

Eドクター守護霊　心臓は動いていないし、肺は水浸《みずびた》しっていうか、血液が心臓から溢《あふ》れて……。

質問者B　確かに例外ですよね……。

Eドクター守護霊　肺は〝肺浸潤《はいしんじゅん》〟ですから、肺も機能していないはずです。心臓が動かない。呼吸が実はできない。（これだと）酸素の取り込《こ》みができないはずなんです。

「心臓が収縮していないので、酸素を取れるわけがない」

質問者B　医学的に見ると肉体的には死んでいる体であっても、総裁先生は、「（自分の）意識が、自分の意志が体を動かす」と思っているから……。

Eドクター守護霊　そう。

質問者B　そちらのほうが勝《か》っていて、やっぱり、「体も動いている」ってことですよね。

Eドクター守護霊　そうです。

質問者B　だから、いったん停止することなく動いていることが、奇跡なのかも……。

質問者A　そうですね。

Eドクター守護霊　だって、心臓は収縮していないし、肺は、要するに（レントゲン写真に）真っ白に写ったから。

質問者B　酸素をどうやって取り入れていたんでしょうか。

Eドクター守護霊　だから、酸素を取れるわけがない。

質問者B　（苦笑）息をしていたんですよね？

Eドクター守護霊　酸素を取れるわけがないんですよ。

質問者B　そうですよね。

Ｅドクター守護霊　うん。

質問者Ｂ　ほんとですよね。息をしても、ゼエゼエ……。ほんとに、すごくちっちゃい領域で繰《く》り返さないといけない。

病院側がした治療《ちりょう》は、利尿剤《りにょうざい》で水分を減らすことだけって。

Ｅドクター守護霊　私たちがやった治療《ちりょう》は、利尿剤《りにょうざい》を出して飲んでもらい、水分を減らすことです。「夜の水分は、二百ccぐらいにしてください」と言って。

質問者Ｂ　そうですね。夜には、どうしても水が欲《ほ》しかったら、氷を一つ……。

Eドクター守護霊　うん。あげて。「夜九時以降は二百cc以上を飲まないでください」って言いましたが、（大川総裁は）体重が五キログらい減ったあたりで退院しているんですよね。

まあ、私たちだってオールマイティーじゃないので。心臓内科でしたから、ほかの部分について、どうこうは分かりませんけどね。

質問者A　分かりました。

Eドクター守護霊　もしかすると、心臓が動かなくても、歩いていたら血が回ってきたかも。

質問者B　（笑）確かに、ふくらはぎは、いちおう〝第二の心臓〟って言われているから。でも、一回、それ（血液）も心臓に帰るんですけどね。そこ（心臓）がどっちみち動いていないと、ほんとは（血液が回って）いかないはずですけどね。

Eドクター守護霊　でも、（大川総裁は）ご飯《はん》を一カ月食べなくても、どうせ死にやしないでしょう？

たぶん、そうだと思います。

質問者B　なるほど。

Eドクター守護霊　たぶん、死にやしないんですよ。

重病感がなく、入院中にリハビリで体を鍛《きた》えようとした

質問者B　そこに、肉体を超越《ちょうえつ》した教訓が何かあるんでしょうね。

Eドクター守護霊　ただねえ、（大川総裁の場合）精神力がすごい。スポーツ選手なんかにも、たまにいますけど、要するに、普通の人に比べて（精神力が）百倍ぐらい強いんじゃないかと思いました。

質問者C　そうだったのですね。

Eドクター守護霊　普通の人だったら、ウンウン言ったり、重病感があって（それを）言ったりするはずなのに、「別に何も感じません」とおっしゃる。

「我慢《がまん》しているんじゃないですか」とか訊《き》いても、「いや、そんなわけではありません」って言うので。

（大川総裁が）リハビリをしようとしたりするから、「鍛《きた》えないでください」って私は二回言ったんですが、そうしたら、すごく悲しそうな顔をして……。

質問者Ａ　そうでしたか（笑）。

Ｅドクター守護霊　「それじゃあ、治らないじゃないですか」って、こう来るんです。治すつもりでいるので、本人は。

質問者Ｂ　「鍛えなかったら、どんどん弱っていくじゃないか」と思って。

Eドクター守護霊　「寝《ね》ていたら、弱っちゃいます。体が悪くなるので、困るんですけど」っていう言い方でしたね。

だから、看護師の婦長さんは、「確かに、こんなところ、出るなら早く出たほうがいいですよ」って言ってはいたようです。次々と死んでいく人しか見ていないので、みんな。「出られるなら、出たほうがいい」と言って……。

要するに、「死神《しにがみ》がいるのは病院のほうです」ということで。

質問者B　ああ、なるほど。「来た」っていうか、「病院にすでにいる感じ」ってことですね、死神さんが、そもそも。

Eドクター守護霊　次は霊安室に移動ですのでね。

だから、そういうことなんですがね。

ただ、その後の活躍《かつやく》も見てはいますけどね。やっぱり、正しい判断を、ご自分でなされているんじゃないですか。

質問者A　そうですね。

Eドクター守護霊　そうなんじゃないですか。

質問者B　はい。

Eドクター守護霊　（当時の）奥《おく》さんのことはね、よくは知りませんが、「多少、医者になりたかった感じのメンタリティーを持っているような方だなあ」と……。

医者見習いのような会話をしたがる感じの人でした。

質問者A　そうかもしれません。

質問者B　ああ、なるほどね。「医者同士が話しているような会話を求めている感じだった」ってことですよね。

Eドクター守護霊　そうそう、そうそう、そうそうそう。そういう感じではありましたね。

それが、その後、どんなふうになったか、それについては私には分かりません。

質問者A　はい。

「大川総裁の意志力、精神力は、すっごく強い」

Eドクター守護霊　まあ、人は、いつかは死ぬんでしょうけれども、宗教家なら、自分の天命ぐらい自分で分かるっていうか、決めるんじゃないですか。本人が、「死なない。まだ死なないはずだ」と思っているみたいでしたから、死なないでしょう。

質問者B　分かりました。

質問者A　はい。ありがとうございます。

Eドクター守護霊　それで考えがぶつかるのは、しかたがないところじゃないですか。

どうせねえ、ガンができても自分で治していますよ。

質問者A　そうかもしれませんね。

Eドクター守護霊　ええ。脳腫瘍《のうしゅよう》ができても（自分で）治していますよ。

質問者C　はい。

Eドクター守護霊　一緒ですよ、たぶん。

質問者B　じゃあ、（今回）ご登場いただいた四人のみなさまに、また、ちょっとインスピレーションを頂きつつ……。

Eドクター守護霊　だから、例外のないものはないんです。科学にだって、例外はみんなあるのでね。それは謙虚《けんきょ》に認めざるをえないんですよ。宗教が宗教として、いまだに残っている理由は、何かあるんでしょうから。

質問者A　そうですね。

Eドクター守護霊　もちろん、病院で治らないものを治しているところもあるはずですから。

ただ、（大川総裁の）意志力、精神力は、すっごく強い。ほんとに、「痛いのを『痛くない』って言っているんじゃないか」と、私たちもずっと疑ったりもしたんですけど、「別に何も感じません」とおっしゃるので。

質問者B　分かりました。

Eドクター守護霊　どういう意味があるのか、私には分からないけど、もっと「高次な意味」が何かあったんでしょう。

まあ、私たちが〝空振《からぶ》った〟のかもしれないけれども、ちょっとぐらいは役に立ったんでしょうから。「現実がどうなっているか」について解説できたのは事実ですからね。

だから、医者としては、「そのあと、本人が節制《せっせい》をした」としか言いようがないので。今も節制をしているのかもしれませんけど。まあ、よく働かれたんじゃないですかね。そう思います。

質問者A・B　ありがとうございます。

Eドクター守護霊　はい。

大川隆法　じゃあ、こんなところですか。いいですか。

質問者B　ありがとうございます。

あとがき

キリスト教徒にとっては、信じがたいことだろうが、今、イエス・キリストが実際に支援しているのは、幸福の科学である。当会が世界宗教になるよう、天上界から力を尽くしてくれている。私自身が「愛の教え」を数多く説くからでもあろう。

かつて、仏教やキリスト教、イスラム教が成立する過程でも、私自身が直接かかわっていたこととも関係する。

イエスが祈りの時、「天なる父よ。」と呼んでいた存在が、私（エル・カンターレ）だったと知ったら、世界の二十億人のキリスト教信者は驚くであろうが。

今回は、私の復活の時に、イエスが立ち会っていた。そのことを立証する霊言集である。

映画とは別の霊体験をして下さることを祈る。

二〇一九年　八月十八日

幸福《こうふく》の科学《かがく》グループ創始者兼総裁《そうししゃけんそうさい》　大川隆法《おおかわりゅうほう》

『イエス・キリストの霊言』関連書籍

『永遠の法』（大川隆法 著　幸福の科学出版刊）
『成功の法』（同右）
『宗教選択の時代』（同右）
『天御祖神の降臨』（同右）

イエス・キリストの霊言《れいげん》
――映画「世界から希望が消えたなら。」で
描かれる「新復活の奇跡」――

2019年8月29日　初版第1刷
2023年6月20日　第4刷

著　者　大《おお》川《かわ》隆《りゅう》法《ほう》

発行所　幸福の科学出版株式会社
〒107-0052 東京都港区赤坂2丁目10番8号
TEL(03)5573-7700
https://www.irhpress.co.jp/

印刷・製本　株式会社 堀内印刷所

落丁・乱丁本はおとりかえいたします

ISBN978-4-8233-0104-9 C0014
カバー，帯 Hira Thakn/Shutterstock.com, Inks_and_colors/Shutterstock.com,
aekky/Shutterstock.com
帯 doomu/Shutterstock.com, Koltukovs/Shutterstock.com
p.16-19, 101-103 100ker/Shutterstock.com
装丁・イラスト・写真（上記・パブリックドメインを除く）© 幸福の科学

大川隆法 ベストセラーズ・救世主の真実

メシアの法

「愛」に始まり「愛」に終わる

「この世界の始まりから終わりまで、あなた方と共にいる存在、それがエル・カンターレ」──。現代のメシアが示す、本当の「善悪の価値観」と「真実の愛」。

2,200円

大川隆法 東京ドーム講演集

エル・カンターレ「救世の獅《し》子《し》吼《く》」

全世界から5万人の聴衆が集った情熱の講演が、ここに甦る。過去に11回開催された東京ドーム講演を収録した、世界宗教・幸福の科学の記念碑的な一冊。

1,980円

短詩型・格はいく集④ 〈不《ふ》惜《しゃく》身《しん》命《みょう》の姿・特別編〉

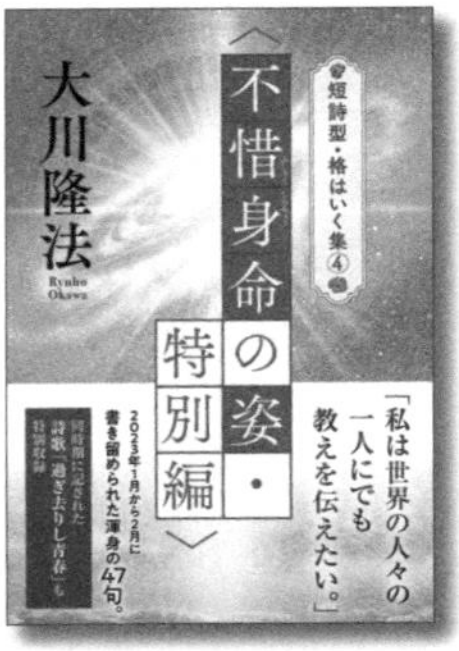

2023年1月から2月にかけて書き留められた渾身の47句。同時期に記された詩歌「過ぎ去りし青春」も特別収録。

1,430円

※表示価格は税込10%です。

大川隆法 ベストセラーズ・病からの奇跡の復活

病の時に読む言葉

病の時、人生の苦しみの時に気づく、小さな幸福、大きな愛——。生かされている今に感謝が溢れ出す、100 のヒーリング・メッセージ。

1,540 円

エル・カンターレ
人生の疑問・悩みに答える
病気・健康問題へのヒント

毎日を明るく積極的、建設的に生きるために——。現代医学では分からない「心と体の関係」を解き明かし、病気の霊的原因と対処法を示した質疑応答集。

1,760 円

心の指針 Selection2
病よ治れ

人はなぜ病気になるのか？ 心と体のスピリチュアルな関係や、病気が治る法則を易しい言葉で解き明かす。あなたの人生に奇跡と新しい希望を与える12章。

1,100 円

※表示価格は税込10%です。

大川隆法ベストセラーズ・病からの奇跡の復活

ザ・ヒーリングパワー
病気はこうして治る

ガン、心臓病、精神疾患、アトピー……。スピリチュアルな視点から「心と病気」のメカニズムを解明。この一冊があなたの病気に奇跡を起こす！

1,650円

奇跡のガン克服法
未知なる治癒力のめざめ

著者「健康セミナー」CD付

なぜ、病気治癒の奇跡が起こるのか。その秘密を惜しみなく大公開！　質問者の病気が治った奇跡のリーディング内容も収録。

1,980円

病を乗り切るミラクルパワー
常識を超えた「信仰心で治る力」

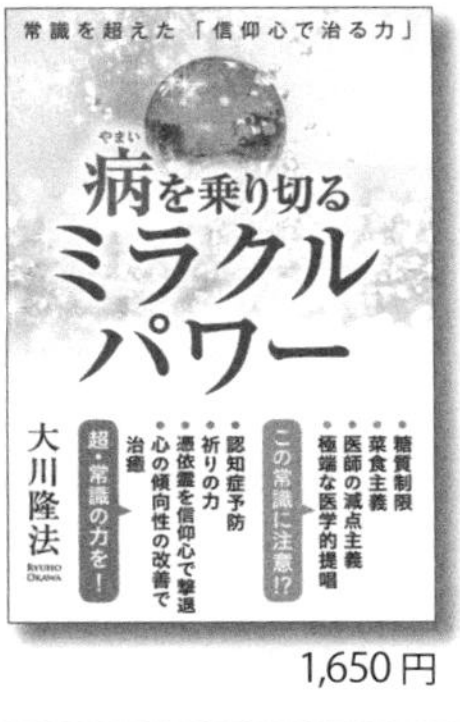

糖質制限、菜食主義、水分摂取――、その〝常識〟に注意。病気の霊的原因と対処法など、超・常識の健康法を公開！　認知症、統合失調症等のQAも所収。

1,650円

幸福の科学出版

大川隆法ベストセラーズ

初期講演集シリーズ
第1～7弾!

「大川隆法　初期重要講演集 ベストセレクション」シリーズ

幸福の科学初期の情熱的な講演を取りまとめた初期講演集シリーズ。幸福の科学の目的と使命を世に問い、伝道の情熱や精神を体現した救世の獅《し》子《し》吼《く》がここに。

【各 1,980 円】

1 幸福の科学とは何か
2 人間完成への道
3 情熱からの出発
4 人生の再建
5 勝利の宣言
6 悟りに到る道
7 許す愛

1

2

3

4

5

6

7
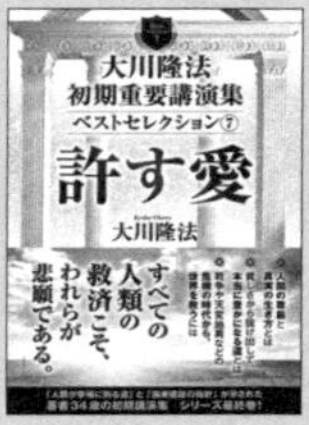

※表示価格は税込10％です。

幸福の科学グループのご案内

宗教、教育、政治、出版などの活動を通じて、地球的ユートピアの実現を目指しています。

幸福の科学

一九八六年に立宗。信仰の対象は、地球系霊団の最高大霊、主エル・カンターレ。世界百六十八カ国以上の国々に信者を持ち、全人類救済という尊い使命のもと、信者は、「愛」と「悟り」と「ユートピア建設」の教えの実践、伝道に励んでいます。

（二〇二三年六月現在）

愛

幸福の科学の「愛」とは、与える愛です。これは、仏教の慈悲《じひ》や布施《ふせ》の精神と同じことです。信者は、仏法真理をお伝えすることを通して、多くの方に幸福な人生を送っていただくための活動に励んでいます。

悟り

「悟り」とは、自らが仏の子であることを知るということです。教学《きょうがく》や精神統一によって心を磨き、智慧《ちえ》を得て悩みを解決すると共に、天使・菩薩《ぼさつ》の境地を目指し、より多くの人を救える力を身につけていきます。

ユートピア建設

私たち人間は、地上に理想世界を建設するという尊い使命を持って生まれてきています。社会の悪を押しとどめ、善を推し進めるために、信者はさまざまな活動に積極的に参加しています。

海外支援・災害支援

幸福の科学のネットワークを駆使し、世界中で被災地復興や教育の支援をしています。

毎年２万人以上の方の自殺を減らすため、全国各地でキャンペーンを展開しています。

公式サイト **www.withyou-hs.net**

自殺防止相談窓口

受付時間　火～土:10～18時（祝日を含む）

TEL **03-5573-7707**　メール **withyou-hs@happy-science.org**

視覚障害や聴覚障害、肢体不自由の方々と点訳・音訳・要約筆記・字幕作成・手話通訳等の各種ボランティアが手を携えて、真理の学習や集い、ボランティア養成等、様々な活動を行っています。

公式サイト **www.helen-hs.net**

入会のご案内

幸福の科学では、大川隆法総裁が説く仏法真理《ぶっぽうしんり》をもとに、「どうすれば幸福になれるのか、また、他の人を幸福にできるのか」を学び、実践しています。

入会

仏法真理を学んでみたい方へ

大川隆法総裁の教えを信じ、学ぼうとする方なら、どなたでも入会できます。入会された方には、『入会版「正心法語《しょうしんほうご》」』が授与されます。

入会ご希望の方はネットからも入会申し込みができます。

happy-science.jp/joinus

三帰《さんき》誓願《せいがん》

信仰をさらに深めたい方へ

仏弟子としてさらに信仰を深めたい方は、仏《ぶっ》・法《ぽう》・僧《そう》の三宝《さんぽう》への帰依を誓う「三帰誓願式」を受けることができます。三帰誓願者には、『仏説・正心法語』『祈願文《きがんもん》①』『祈願文②』『エル・カンターレへの祈り』が授与されます。

幸福の科学 サービスセンター
TEL 03-5793-1727
（受付時間／火～金:10～20時　土・日祝:10～18時（月曜を除く））

幸福の科学 公式サイト
happy-science.jp

ハッピー・サイエンス・ユニバーシティ

Happy Science University

ハッピー・サイエンス・ユニバーシティとは

ハッピー・サイエンス・ユニバーシティ（HSU）は、
大川隆法総裁が設立された「日本発の本格私学」です。
建学の精神として「幸福の探究と新文明の創造」を掲げ、
チャレンジ精神にあふれ、新時代を切り拓く人材の輩出を目指します。

人間幸福学部　経営成功学部　未来産業学部

HSU長生キャンパス TEL **0475-32-7770**
〒299-4325　千葉県長生郡長生村一松丙 4427-1

未来創造学部

HSU未来創造・東京キャンパス
TEL **03-3699-7707**
〒136-0076　東京都江東区南砂2-6-5　公式サイト **happy-science.university**

学校法人 幸福の科学学園

学校法人 幸福の科学学園は、幸福の科学の教育理念のもとにつくられた教育機関です。人間にとって最も大切な宗教教育の導入を通じて精神性を高めながら、ユートピア建設に貢献する人材輩出を目指しています。

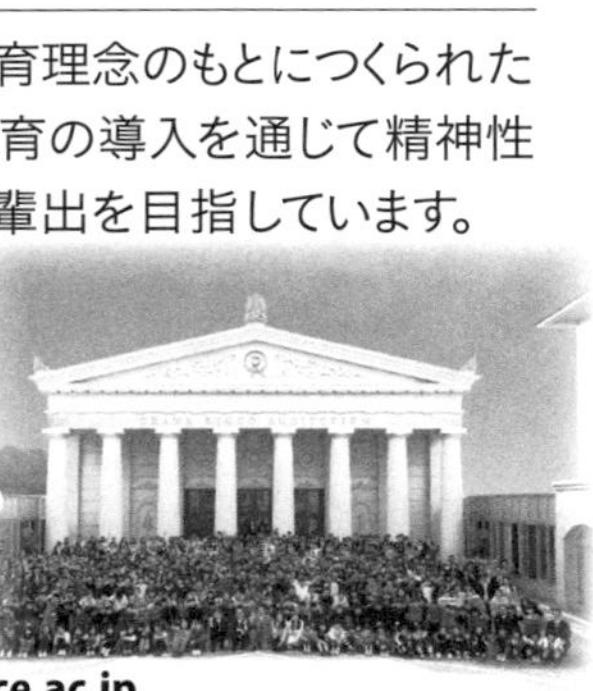

幸福の科学学園

中学校・高等学校（那須本校）
2010年4月開校・栃木県那須郡（男女共学・全寮制）
TEL **0287-75-7777** 公式サイト **happy-science.ac.jp**

関西中学校・高等学校（関西校）
2013年4月開校・滋賀県大津市（男女共学・寮及び通学）
TEL **077-573-7774** 公式サイト **kansai.happy-science.ac.jp**

仏法真理塾「サクセスNo.1」

全国に本校・拠点・支部校を展開する、幸福の科学による信仰教育の機関です。小学生・中学生・高校生を対象に、信仰教育・徳育にウエイトを置きつつ、将来、社会人として活躍するための学力養成にも力を注いでいます。

TEL **03-5750-0751**（東京本校）

エンゼルプランV

東京本校を中心に、全国に支部教室を展開。信仰をもとに幼児の心を豊かに育む情操教育を行い、子どもの個性を伸ばして天使に育てます。

TEL **03-5750-0757**（東京本校）

エンゼル精舎

乳幼児が対象の、託児型の宗教教育施設。エル・カンターレ信仰をもとに、「皆、光の子だと信じられる子」を育みます。
（※参拝施設ではありません）

不登校児支援スクール「ネバー・マインド」

TEL **03-5750-1741**

心の面からのアプローチを重視して、不登校の子供たちを支援しています。

ユー・アー・エンゼル！（あなたは天使！）運動

障害児の不安や悩みに取り組み、ご両親を励まし、勇気づける、障害児支援のボランティア運動を展開しています。

一般社団法人 ユー・アー・エンゼル
TEL **03-6426-7797**

NPO活動支援

学校からのいじめ追放を目指し、さまざまな社会提言をしています。また、各地でのシンポジウムや学校への啓発ポスター掲示等に取り組む一般財団法人「いじめから子供を守ろうネットワーク」を支援しています。

いじめから子供を守ろうネットワーク

公式サイト **mamoro.org**　ブログ **blog.mamoro.org**
相談窓口 **TEL.03-5544-8989**

100歳 幸福の科学

百歳まで生きる会～いくつになっても生涯現役～

「百歳まで生きる会」は、生涯現役人生を掲げ、友達づくり、生きがいづくりを通じ、一人ひとりの幸福と、世界のユートピア化のために、全国各地で友達の輪を広げ、地域や社会に幸福を広げていく活動を続けているシニア層（55歳以上）の集まりです。

【サービスセンター】TEL **03-5793-1727**

シニア・プラン21

「百歳まで生きる会」の研修部門として、心を見つめ、新しき人生の再出発、社会貢献を目指し、セミナー等を開催しています。

【サービスセンター】TEL **03-5793-1727**

幸福実現党

内憂外患《ないゆうがいかん》の国難に立ち向かうべく、2009年5月に幸福実現党を立党しました。創立者である大川隆法党総裁の精神的指導のもと、宗教だけでは解決できない問題に取り組み、幸福を具体化するための力になっています。

幸福実現党　党員募集中

あなたも幸福を実現する政治に参画しませんか。

＊申込書は、下記、幸福実現党公式サイトでダウンロードできます。
住所：〒107-0052
東京都港区赤坂2-10-8 6階 幸福実現党本部

TEL 03-6441-0754　FAX 03-6441-0764
公式サイト hr-party.jp

HS政経塾

大川隆法総裁によって創設された、「未来の日本を背負う、政界・財界で活躍するエリート養成のための社会人教育機関」です。既成の学問を超えた仏法真理を学ぶ「人生の大学院」として、理想国家建設に貢献する人材を輩出するために、2010年に開塾しました。現在、多数の市議会議員が全国各地で活躍しています。

TEL 03-6277-6029
公式サイト hs-seikei.happy-science.jp

幸福の科学出版

大川隆法総裁の仏法真理の書を中心に、ビジネス、自己啓発、小説など、さまざまなジャンルの書籍・雑誌を出版しています。他にも、映画事業、文学・学術発展のための振興事業、テレビ・ラジオ番組の提供など、幸福の科学文化を広げる事業を行っています。

アー・ユー・ハッピー？
are-you-happy.com

ザ・リバティ
the-liberty.com

幸福の科学出版
TEL **03-5573-7700**
公式サイト **irhpress.co.jp**

THE FACT

YouTubeにて
随時好評
配信中！

ザ・ファクト
マスコミが報道しない
「事実」を世界に伝える
ネット・オピニオン番組

ザ・ファクト 検索

NEW STAR PRODUCTION

ニュースター・プロダクション

「新時代の美」を創造する芸能プロダクションです。多くの方々に良き感化を与えられるような魅力あふれるタレントを世に送り出すべく、日々、活動しています。 公式サイト **newstarpro.co.jp**

ARI Production

ARI《アリ》 Production《プロダクション》

タレント一人ひとりの個性や魅力を引き出し、「新時代を創造するエンターテインメント」をコンセプトに、世の中に精神的価値のある作品を提供していく芸能プロダクションです。 公式サイト **aripro.co.jp**

大川隆法　講演会のご案内

大川隆法総裁の講演会が全国各地で開催されています。講演のなかでは、毎回、「世界教師」としての立場から、幸福な人生を生きるための心の教えをはじめ、世界各地で起きている宗教対立、紛争、国際政治や経済といった時事問題に対する指針など、日本と世界がさらなる繁栄の未来を実現するための道筋が示されています。

22 年 7 月 7 日 さいたまスーパーアリーナ
い人生観の打破」

2019年7月5日 福岡国際センター
「人生に自信を持て」

2019年10月6日 ザ ウェスティン ハーバー キャッスル トロント（カナダ）
「The Reason We Are Here」

2011 年3月6 日 カラチャクラ広場（インド）
「The Real Buddha and New Hope」

2019年3月3日 グランド ハイアット 台北（台湾）
「愛は憎しみを超えて」

講演会には、どなたでもご参加いただけます。
最新の講演会の開催情報はこちらへ。⟹

大川隆法総裁公式サイト
https://ryuho-okawa.org